O, flexamina atque omnium regina rerum, oratio

Inés Sánchez García

DIEZ ERMITAS DE TOLEDO

Editorial LEDORIA
J   M   R

I.S.B.N.: 978-84-19887-96-2
Depósito Legal: TO-100-2026
© Del Texto: La autora
© De la edición: Editorial LEDORIA-Jesús Muñoz Romero
© Las autoría de las fotos que no aparece mencionada al pie de cada una
de ellas pertenece a la autora.
* Calle de la Fuente del Moro, núm. 6
Toledo
Teléfono: 636 56 03 70
Correo electrónico de contacto: info@editorial-ledoria.com
www.editorial-ledoria.com

A mi padre, que siempre me apoyó en este proceso.

NOTA PREVIA

Era difícil decidir cómo comenzar este libro, cómo definir la trayectoria del argumento, el orden del contenido... todo ello teniendo muy presente a las protagonistas de esta historia, las ermitas. Reflexioné sobre el conjunto de sentimientos que me evocaban y decidí, por qué no, empezar por ahí.

Siempre me ha parecido emocionante y conmovedor el poder de ciertos elementos sociales y culturales para unir a las comunidades, de ahí mi pasión por las Ciencias Sociales, en especial la Historia y la Antropología. Estos elementos, muchas veces suelen ir asociados a espacios constructivos y arquitectónicos, como es el caso de los centros de culto que aquí ocupan lugar. Verdaderamente, son un componente de identidad que nos define como colectivo. Si pienso en ellos, como si de un poder de sinestesia se tratase, no puedo evitar sentir alegría, cercanía y pertenencia a un grupo, además de despertar en mi mente tradición y unidad cultural.

En torno a ellas siempre han surgido festejos y celebraciones relacionadas no solo con devoción, sino con momentos de ocio y convivencia entre los vecinos. Tanto es así que incluso Luis Hurtado de Toledo, importante historiador y literato del siglo XVI, recoge en su *Memorial de algunas cosas memorables que tiene la imperial ciudad de Toledo* su preocupación ante la posibilidad de que las ermitas se conviertan en un espacio aprovechado por las mujeres para disfrutar de libertad o por vagabundos como centro de reunión. Frases como estas que hoy en día nos dejan perplejos por el anacronismo en sus ideas, nos hacen darnos cuenta de la relevancia que se le daba desde el punto de vista social.

Del mismo modo, estas construcciones religiosas están unidas a las romerías de santos, santas y advocaciones marianas y su enclave habitual suele ser a las afueras de la localidad, lo que facilita la comunión entre religión y naturaleza. En estas festividades, cofradía, hermandad, vecinos y visitantes acuden al lugar para disfrutar posteriormente de una comida o refrigerio volviéndose a destacar el aspecto social de estas efemérides.

Estos templos son algo tan nuestro que los encontramos diseminados por todo el territorio español, no hay pueblo que no cuente con uno ni ciudadano que no haya visitado alguno. Por ello, surgió la idea de poner el énfasis en aquellas ermitas de nuestra ciudad, las más cercanas, las que muchas veces vemos al pasear y ni reparamos en ellas, o aquellas que localizamos e incluso hemos visitado, pero de las que apenas sabemos su historia o relevancia. Por eso, esta obra, en coherencia con la línea editorial de la colección **Toledo 10**, pretende dar a conocer este patrimonio tangible, tan cercano y tan lejano a la vez.

La elaboración de una obra de estas características implica contraer una serie de deudas de gratitud. Por ello, tengo que dar las gracias en primer lugar a Jesús, el editor, por confiar en mí y darme la oportunidad de participar en este bonito proyecto, pues, aunque ya había publicado algunos textos de carácter histórico, nada de este calibre. Esta obra tampoco hubiese sido posible sin la colaboración de muchos de los miembros de las distintas cofradías que me han aportado su ayuda de manera altruista. Quiero destacar a Luis Jacinto García, tesorero de la hermandad del Valle, que tan amablemente me atendió para resolver dudas y me entregó documentación para consultar. A Manolo, hermano mayor de San Antón y su pareja Constanza, ellos me facilitaron el libro de actas donde figuraban datos interesantísimos, muchos de los cuales, debido a su antigüedad, darían para un monográfico sobre esta ermita de San Roque. También a Pablo, por prestarme parte de su material visual. Agradecer asimismo a Juan Carlos, cofrade de San Jerónimo, quien me abrió la capilla y compartió conmigo documentos escritos y gráficos que pudiesen servir de soporte para mi trabajo. A Ricardo Alba y Agustín Fernández, actual y anterior presidente de la cofradía de Santa María de la Cabeza respectivamente, atendiendo con suma amabilidad a cuantas preguntas necesité hacerles, y al santero, por ofrecerme su colaboración por si precisaba entrar al santuario fuera del horario de misa. En el caso de La Bastida, ante la difícil situación legal planteada recientemente, fue más difícil encontrar a alguien que pudiese brindarme su ayuda, pero tras preguntar a unos y otros conseguí contactar con Agustín, antiguo hermano mayor de la hermandad, quien resolvió todas mis dudas en la medida de sus posibilidades. No puedo olvidar tampoco a Mariano Guerrero Corrales, perteneciente a la hermandad de la Estrella, que me proveyó de imágenes y me enseñó cada rincón de la ermita con gran cariño y dedicación, permitiéndome apreciar, además, la maravillosa suerte que tienen de tener a un artista de su calidad entre sus hermanos, pues ha colaborado enormemente en arreglos, creaciones artísticas y recuperación de elementos. Debo nombrar a mi amigo Héctor, vecino de Santa Bárbara, sin él me hubiese sido mucho más complicado conseguir el contacto de la presidenta de la Virgen de la Guía para enseñarme la capilla, actualmente de tan difícil acceso; igualmente a su padre, Luis Álvarez Ocampo, por ofrecerme fotos del entorno que pudiesen servirme de utilidad. Gracias a Yayo y a su madre, Sagrario, pues a pesar de los inconvenientes que implica acudir al santuario de La Guía, por los permisos necesarios de aprobar por parte de la Academia de Infantería, al encontrarse en terrenos militares y la documentación a aportar, se ofrecieron amablemente a acompañarme. Mis gratitudes a ambas por regalarme parte de su tiempo y conocimientos, permitiéndome con ello dar forma a esta obra. Fue una visita que disfruté, como todas las demás, pues pude adentrarme en los entresijos de sus edificios y recabar información de primera mano a la hora de redactar esta obra.

Por último, quiero hacer mención especial a Ramón, mi padre, quien con mucha más experiencia en estos menesteres que yo, me guio en la forma de proceder en cada paso dado, allanándome el camino.

Espero que el esfuerzo puesto en la realización de esta obra, tanto por la autora como por los colaboradores, dedicando parte de su tiempo, sirva para conseguir el entretenimiento y disfrute de quien lo lea y les permita conocer un poquito más de estos espacios religiosos y del folklore popular tan presentes en nuestros pueblos y ciudades.

Inés Sánchez García

1

EL VALLE

Entrada a la ermita

Cuando hablamos de Toledo, tendemos a dedicar toda nuestra atención a la parte intramuros, por su belleza y su historia, sus edificios y monumentos, las rutas guiadas o teatralizadas o por la puesta en valor del área por parte de las autoridades. Sin embargo, la ocupación de esta capital de provincia surge en un punto diferente, más allá del río, en el lugar donde actualmente todos los turistas hacen parada para encontrar la foto panorámica más bonita, un recuerdo perfecto de su visita, el perfil ideal de la ciudad. Este espacio se encuentra en el mirador de El Valle, desde donde se puede divisar no solo el tejido urbano sino el Tajo abrazándolo y creando una imagen de ensueño.

Unos metros más abajo del punto de parada para la ansiada instantánea se encuentra un delicado cerro llamado del Bú, que puede pasar desapercibido a ojos del visitante, como tantas otras cosas que no percibimos por múltiples motivos, distracción, desinterés, desconocimiento... Es en esta elevación donde se ubicaron los primeros pobladores del terreno, los carpetanos, uno de los pueblos prerromanos que dominaban la península antes de la llegada de los colonos provenientes de la zona itálica. Un territorio lo suficientemente alto para poder divisar a quienes venían, pero a la vez camuflado entre otras colinas como para no ser vistos a larga distancia y con un cauce de agua que les permitía abastecerse para sus quehaceres diarios y las actividades de la comunidad. El acceso a este oro líquido suponía un elemento decisivo a la hora de seleccionar el lugar de asentamiento, ya que de él dependía la subsistencia del poblado y su desarrollo. Con la llegada de los romanos, esta zona se empezó a despoblar y la cultura carpetana se fue diluyendo frente a la riqueza cultural y material de los nuevos ocupantes, cuyo poder de atracción se sigue manteniendo hasta nuestros días.

A escasos metros, aproximándonos al famoso mirador mencionado anteriormente, encontramos en altura la conocida Peña del Rey Moro, cuya leyenda merece la pena ser recordada:

Cuenta la tradición que, ante el avance de los ejércitos cristianos durante la Reconquista, el gobernador Yahia, encargado de la urbe, pidió ayuda a distintos reyes musulmanes, acudiendo finalmente como observador el príncipe Abul-Walid, proveniente del norte de África. Este pretendía evaluar la situación y así informar de la ayuda que precisaba. A la llegada del dignatario se celebraron diversas fiestas y torneos en su honor y fue durante la participación en ellos cuando conoció a Sobeyha, hermana del gobernante. Ambos quedaron profundamente enamorados, sin embargo, Abul-Walid debía cumplir con su obligación y volver a su reino para dar parte de lo que ocurría y enviar el apoyo necesario ante las incursiones de las tropas castellanas. Antes de marchar, el africano dio promesa a Sobeyha de volver y contraer matrimonio con ella en cuanto le fuera posible.

Patio y puerta de acceso

Tras la partida del príncipe, la fortaleza fue tomada por Alfonso VI y su ejército. La hermana del gobernador no soportó el asedio y murió antes de poder reencontrarse con su amado. Tiempo después, el noble enamorado cumplió parte de su *juramento, volver. No obstante, al llegar se enteró de la amarga noticia y no pudo cumplir con la otra parte de la promesa, los esponsales. Sobrepasado por el dolor, decidió intentar recuperar Tulaytula y para ello se asentó en la parte contraria al río con un grupo de hombres donde resolvió esperar el momento idóneo para atacar. Todas las noches se colocaba sobre la misma roca a observar el caserío donde su amor había fallecido y rememorar los dulces momentos vividos tras sus muros.*

El bando enemigo divisaba desde los torreones la milicia musulmana y ante la preocupación de un posible ataque, un pelotón cristiano cruzó el río y, pillándolos por sorpresa, acabó con ellos. Abul-Walid murió en la batalla y fue enterrado junto a esa peña, frente al lugar que había visto desaparecer a su prometida. Se dice que todas las noches su espíritu salía de la tumba para seguir observando la urbe y finalmente, tras solicitar a Alá con fervorosas plegarias, fue convertido en piedra para permanecer eternamente presente. Desde entonces se denomina a este punto la Peña del Rey Moro.

Probablemente, cuando Abul-Walid miraba hacia la eterna ciudad, posaba sus ojos en la pequeña construcción que se encontraba justo debajo de este peñasco. En ella se puede leer una inscripción que rememora el legendario episodio: «Y el cuerpo de Abdul, el Rey Moro, fue sepultado en una gran roca, próximo al de su amada Sobeyha... para contemplar Toledo eternamente». Esta edificación es la que hoy conocemos como ermita de la Virgen del Valle y que en ese momento ya se encontraba ahí, aunque con distinto nombre, pues mucha es la historia que ha tenido este lugar.

Pasaría bastante tiempo hasta que el calificativo que conocemos hoy día apareciese. Y es a este santuario, a su evolución e impronta, a la que dedicamos nuestra atención aquí, pues este ejemplar no estaría completo sin mencionar a la ermita por antonomasia de Toledo, la del Valle. Hablamos de más de mil años de historia, durante los que ha habido cambios de mentalidad, gobiernos, guerras y un sinfín de situaciones y, sin embargo,

Ermita a principios del siglo XX. Fuente: blog Toledoolvidado

pese a todas las vicisitudes padecidas, ha subsistido. Pocas líneas para hablar de tanto, a pesar de ello, intentaremos aunar en este capítulo lo más relevante de su longeva existencia.

La vida de este lugar de culto, así como de los hechos acaecidos en él comenzaron en un tiempo lejano, como hemos podido comprobar con lo narrado al inicio. Por ello, nos remontaremos a sus comienzos. Se sabe que en tiempo de Witerico, rey visigodo que reinó hasta el año 610, ya se encontraba aquí un monasterio construido por petición del obispo Aurasio, clérigo que destacó, entre otras cosas, por trabajar en el engrandecimiento de la metrópoli cartaginense, por lo que no es de extrañar el fomento de este tipo de edificaciones. No olvidemos que los visigodos cambian su fe del arrianismo al catolicismo y es con ellos con quienes empieza una larga travesía de la religión católica en la península, la cual va a contribuir notablemente a dibujar la historia de nuestro territorio. Es ya con estos primeros rasgos de fe cuando se erige un cenobio dedicado a la devoción católica tan arraigada en nuestro país y cuyo poder irá *in crescendo* con el transcurrir del tiempo. A pesar de que en la sociedad actual la connotación religiosa está en decadencia, otro edificio, continuando la tradición del anterior, se sigue manteniendo en pie en ese mismo punto y con similar propósito, dar respuesta a las necesidades de los creyentes y fieles.

Pero siguiendo con el periodo que nos atañe, sin adelantar acontecimientos, en el siglo VII, el nombre que recibía el templo era el de San Félix, dedicado al patrón gerundense, nomenclatura que se utilizó durante varias centurias. Es por entonces, concretamente en el año 679, cuando es enterrado aquí Gudila, arcediano de Toledo e íntimo amigo de san Julián, obispo de la ciudad. Antiguamente era común dar sepultura en terreno santo y por ello se usaban los edificios de culto. Esto fue habitual hasta iniciarse la prohibición en tiempos de Carlos III, cuando por cuestiones de salubridad se decidió comenzar a trasladar los enterramientos a otros lugares más alejados de la vida diaria. Esta costumbre se sigue manteniendo según el derecho canónico, salvo contadas excepciones.

Tras la época visigoda, destacan cambios en los momentos posteriores a la Reconquista, cuando pasó a erigirse en su lugar una ermita y a llamarse de San Pedro y San Félix. Popularmente era conocida como de Sancti Felicies o San Pedro de Saelices, e incluso a día de hoy se sigue denominando con ese apelativo a las aceñas que se encuentran bajo el cerro del Bú, a orillas del río. Martín Gamero, en su obra *Historia de la ciudad de Toledo, sus claros varones y monumentos*, propone la teoría de que este nombre pueda venir derivado de su antiguo título SAI (*Sancti*) Felicis y se fuese corrompiendo con el tiempo.

La nueva construcción fue realizada por mandato del arcediano de Toledo, una de las dignidades de la catedral, y se mantuvo con pocas variaciones durante varios siglos. Es curioso ver como se relacionan íntimamente los distintos elementos de la zona sin cohesión aparente, en este caso el cenobio y los molinos, recibiendo el mismo nombre para usos tan variopintos.

A principio del XVII, en el año 1616, la iglesia sigue llamándose de San Pedro y San Félix, como así lo refleja Francisco de Pisa,

Interior del templo

historiador toledano y mozárabe, en su *Historia de Toledo*, escrita poco antes de su muerte. No muchos años después ya se producirá el cambio de advocación por el que la conocemos actualmente, variación que está asociada al descubrimiento de una talla en el área del Valle.

Según se narra en el libro de la *Fundación del Convento de Jesús y María*, escrito por Catalina Antonia de la Madre de Dios, entre enero y febrero de 1642, iba Diego de la Cruz, encargado de cobranzas y comisiones paseando por ese paraje, cuando se encontró con un bulto blanco que resultó ser una escultura de mármol de una Virgen con un niño de aproximadamente una vara (0,836 m) de alto. La imagen estaba algo dañada, quebrada y con la cabeza del pequeño separada del cuerpo. La restauró y pasó a llamarla «Nuestra Señora del Valle» por el topónimo en el que la había hallado. La mantuvo en su poder hasta su muerte, momento en el que, Hurtado de las Roelas, regidor de Toledo y testamentario del difunto, al hacer inventario de los bienes y tasarlos, considera que la figura es una «joya de gran estima» y que no se le puede asignar un precio, por lo que se la lleva a su casa. El hijo de Diego de la Cruz ruega que la venerada advocación sea colocada en algún templo donde se le pueda dar culto, acordando entre ambos que pudiese ser en el convento de San Pedro Mártir. Sin embargo, Hurtado de las Roelas visita a su hermana, la mencionada Catalina Antonia, monja en el convento de Jesús y María, y durante su encuentro le muestra la talla. Esta le solicita quedársela mientras él hace un viaje a Madrid. Hurtado accede, pero no de buena gana, temiendo que quisieran quedarse con la efigie, lo cual no sabemos si sucedió al no conocer con certeza lo que ocurrió con ella entre 1642, momento de la aparición, y 1674 año en el que empieza a venerarse en la ermita. La prelada define a la figura como «muy linda y está sonriendo a su Hijo que le tiene la mano en la barba; el Niño tiene el rostro hermoso y grave y el cabello y vestido de María y su Hijo, también labrado, como si fuera de madera y con muy lindo lustre». Descripción que encaja con la que se veneraba en el templo tras la reconstrucción de 1674.

La historia de la imagen se asocia también con el convento de las Jerónimas de San Pablo. Se dice que perteneció a ellas, aunque no hay ninguna base documental o fuente que lo atestigüe, pero así ha ido pasando de generación en generación. Tal es la fuerza de la tradición y del paso de esta idea a lo largo del tiempo, que durante el recorrido de la procesión que se celebra el día 1 de mayo en honor a la Madre de Jesús, se hace una parada y se colocan las andas mirando de frente a dicho convento para que las monjas de clausura puedan rezar una oración y verla desde las celosías de sus ventanas y espacios abiertos al exterior.

El seiscientos es muy relevante para la historia del santuario. Además de lo comentado, se llevan a cabo entre los años 1626 y 1674 una serie de cambios y mejoras en el edificio, siendo la más señalada la de esta última fecha. Se realizan un conjunto de reformas, debido al lamentable estado de conservación, gracias

La Virgen del Valle en la actualidad

a la generosidad de una serie de personas principales, más en concreto, a la aportación del arcediano de Toledo, don Juan José de Austria, hijo ilegítimo de Felipe IV y de la actriz de comedias María Calderón, que dona una ayuda de 500 ducados a los cofrades, que incluyen 1000 ducados, y en menor medida a las limosnas de los fieles. El coste total para dichas modificaciones fueron 48.932 reales de vellón (una referencia a esta renovación se recoge en la inscripción colocada en la fachada de entrada al edificio). Como vemos, don Juan de Austria tiene un papel significativo en torno a la historia del edificio, pero no solo por su dotación a las mejoras materiales, sino porque reestructura la cofradía en el año 1674, contando en ese momento con 22 cofrades, número que se ha ido incrementando notablemente con el paso del tiempo. A modo de ejemplo, en 1852 tenía 175, en 1889 ascendía a 433, en 1923 contaba con 1077 socios y actualmente la cifra se dispara hasta casi 3000 miembros.

Tal es el valor de esta ermita que ya desde el siglo VII, en tiempos anteriores al cambio de advocación, existía la tradición de que el arcediano de la catedral de Toledo fuese además el patrono de este lugar de culto y el dueño de la barca que permitía cruzar de orilla a orilla el Tajo y comunicar el casco antiguo con la zona de ubicación del recinto devocional. En 1476, ostentando este cargo don Tello de Buendía, decide ceder la pequeña embarcación al Ayuntamiento para que pudiese alquilarla, pero excluyendo de este arrendamiento a todos aquellos que tuviesen molinos en la parte contraria del río o se beneficiasen de los usos comunales.

Respecto a los aspectos estéticos y arquitectónicos del templo, en su parte exterior destaca una construcción sencilla y pequeña a base de piedra y ladrillo, con una espadaña coronando su tejado a dos aguas y un patio de reducidas dimensiones, pasado el cual se accede al santuario, desde el que se pueden apreciar unas magníficas vistas de la ciudad y del río que trascurre a sus pies. En este mismo emplazamiento encontramos el acceso a la sala de juntas, a la santería y la caseta de la tómbola construida en 1868 y sustituida por una nueva en 1926 a cargo de don Manuel y don Aurelio Gutiérrez Criado.

A lo largo del tiempo se han ido sucediendo diversas obras en torno al cenobio de las que podemos destacar las siguientes: en 1842 se restaura el muro que da al río sufragado con limosnas de 6 reales por parte de los cofrades, para 1844 se arregla el camino que sube de la barca, en 1860 se sanea el suelo del patio con un coste de 400 reales y en 1927 se realiza un nuevo campanario para sustituir el tan deteriorado existente con un coste de 503 pesetas con 80 céntimos. Ya en fechas más recientes, la preocupación por el estado del paraje y las aportaciones económicas destinadas a su acondicionamiento y mejora siguen vigentes. Muestra de ello es la rehabilitación de las fachadas exteriores entre 2010 y 2011, de la santería en 2014 y la restauración de la caseta de la tómbola en este mismo año, la colocación de toldos-vela de sombra en 2015, la instalación de bandera un año después o el arreglo de la escalera en 2017. La intervención más reciente es la proyectada para el año 2024, cambiando los azulejos cerámicos industriales que se encuentran deteriorados bajo el retablo por una cubierta de yeso a imitación de este creando mayor uniformidad en el conjunto.

En cuanto a su interior, destaca su planta de tres naves separadas por arcos de medio punto decorados con florones. El uso de este número de naves es algo atípico en este tipo de construcciones que por lo general suelen ser más modestas. Tiene una capilla semicircular coronada por el nombrado retablo, con una hornacina en la parte central donde descansa la talla de la Virgen y dos pinturas de temática religiosa a cada lado que envuelven la figura votiva. Ambas fueron proyectadas y realizadas por el afamado pintor Vicente Cutanda, profesor de la Escuela de Artes y Oficios toledana, en el

Talla de la Virgen del Valle, 1928

año 1914. En la carpintería intervino Manuel Pérez Moreno y para el trabajo en oro Valeriano Cortecero García. En las pinturas se muestran unos ángeles de semblante fuerte, que revelan el estilo habitual del autor en sus obras de realismo social y que se deja entrever en estas imágenes, aunque se trate de una temática tan diferente. Los ángeles aparecen portando flores e incienso que arde en honor a María y presentan un aire de ligereza y claridad. Esta obra fue inaugurada el 4 de octubre del mencionado año 1914 por el Eminentísimo Señor Cardenal Guisasola y tuvo un coste de tres mil ochenta y nueve pesetas y cinco céntimos, cantidad aportada en su mayoría por fieles donantes.

Pocos años después, concretamente en 1919, se lleva a cabo la incorporación del zócalo con azulejos en tonos verdes, ocres y blancos que cubre toda la parte inferior. Se trata de un trabajo en cerámica en el que podemos ver insertadas varias placas del mismo material y donde se puede leer «Ntra. Sra. del VALLE 1919», haciendo referencia al año de su construcción. Este trabajo fue realizado por el prestigioso ceramista Sebastián Aguado Portillo, también profesor de la Escuela de Artes. En este caso, el coste asciende a mil doscientas veintidós pesetas sufragado por la propia cofradía. Aparece también la huella de otro laureado ceramista, el conocido talaverano Ruiz de Luna, en una placa realizada por él ubicada a la entrada de la capilla aparecen los siguientes versos:

Aunque pequeña me ves,
soy muy grande, como ermita,
pues la reina que me habita,
tiene Toledo a sus pies,
y otorga al que solicita,
si lo pide con interés,
aquello que necesita,
(si no la olvida después).

No son los únicos trabajos cerámicos presentes, ya que hay otros que nos narran parte de la historia del sitio, como es el caso del dedicado a Sixto Rodríguez Cea, en la pared de la nave lateral izquierda, realizada por Ángel Pedraza Moriz, otro virtuoso artista del barro, en 1929. Se colocó como recuerdo del XXV aniversario de su nombramiento como Secretario Perpetuo de la Cofradía-Esclavitud con afán de agradecerle su dedicación a la organización. Al mismo tiempo se le nombró Cofrade Predilecto, ya que bajo su mandato la ermita del Valle y su cofradía aumentaron notablemente en popularidad y engrandecimiento.

Vista desde el embarcadero

A decir verdad, el programa de festejos ha sufrido pocas modificaciones en las últimas décadas, modernizándose algunos aspectos o cambiando horarios de misas y procesiones, pero en cualquier caso se trata de la misma festividad y similar forma de conmemorarla. A la vista de los programas recientes se aprecia la organización de actos religiosos en convivencia armónica con otros laicos.

Entre los primeros, los días previos se realiza un triduo, rezos del Rosario, Ángelus, celebración de la Eucaristía, imposición de medallas a los nuevos mayordomos y sorteo de las de plata. El día grande, primero de mayo, tienen lugar varias misas, la más solemne a media mañana con la presencia de autoridades municipales y religiosas y una procesión, esperada por cuantos peregrinan a la ermita, en la que los cofrades pasean la imagen de Nuestra Señora por un terreno bastante agreste y complicado. Una banda de música da más realce a la marcha. Los actos litúrgicos concluyen días después con una misa ofrecida por los cofrades difuntos.

Entre los actos profanos, al margen de los puestos colocados a la largo de la carretera, organizados por la cofradía, cabe citar la subasta de los objetos donados, seguida de una sencilla invitación en el patio del recinto a los populares garbanzos tostados y a un vaso de limonada.

La estrecha relación de la urbe con la ermita permanece y evoluciona en nuestros días. Además de mantenerse sus cultos y tradiciones, su cofradía y sus festividades, se va cohesionando todo en el entorno con celebraciones que, aunque ajenas a lo religioso, no lo son a la forma de ocio de sus naturales y visitantes. Un ejemplo de ello son las catas de vino celebradas ocasionalmente en la parte exterior o la construcción, levantada a comienzos del nuevo milenio, del conocido restaurante cuya denominación es un guiño al paraje donde está establecido. En él podemos disfrutar de una agradable comida con la ciudad de fondo experimentando la sensación de encontrarnos dentro de una prolongación de la capilla.

Tal es la impronta de este santuario y su devoción en la localidad, que innumerables niñas nacidas en Toledo reciben como nombre de pila María del Valle. Al igual que Camino en León, Covadonga en Asturias, Fuencisla en Segovia, Sonsoles en Ávila o Carmen en Sevilla, no hay toledano que, al oír Valle para llamar a alguna mujer, no tienda a ubicar a dicha persona como originaria de nuestra hermosa Ciudad Imperial. Nombre menos corriente en muchas provincias pero claramente familiar para nosotros, sus habitantes.

Como se ha podido ver a lo largo de este capítulo, el santuario de la Virgen del Valle, con ese nombre o sin él, goza de una prolongadísima historia y vida, enraizada en un mismo lugar, en unos acontecimientos históricos y en sus habitantes. No es de extrañar por ello que sea quizá la Ermita por antonomasia de los toledanos y, por tanto, queda justificado empezar por ella la recopilación de estos singulares centros de culto y devoción establecidos en la ciudad del Tajo. Las pinceladas dadas aquí nos permitirán disfrutar más de ella cada vez que acudamos a pasear por sus alrededores, a enseñar a amigos y familiares de fuera sus maravillosas vistas o cada vez que vayamos a celebrar su día grande.

2

SAN ROQUE (SAN ANTÓN)

Vista frontal de la ermita

El siguiente templo que vamos a tratar es otro de los más des-tacados en la ciudad. En este caso no por su antigüedad, su desarrollo arquitectónico o la riqueza de sus ornamentos, sino por ser lugar de realización de uno de los rituales más celebrados en torno a un santo, la bendición de animales en el día de San Antón. Como veremos más adelante, y quizá el lector ya haya reparado en ello, hay cierta confusión ante la advocación de esta ermita y los dos santos asociados a ella, san Antonio Abad y san Roque. Aunque sólo el segundo es el que oficialmente le da nombre.

Lo cierto es que no se conoce de manera fidedigna cuándo se construyó este cenobio, pero sí se sabe que data de unos 400 años aproximadamente. El doctor Pisa, el cual mencionamos ya en el capítulo anterior, no aporta información alguna sobre este lugar en su *Historia de Toledo*, a pesar de hacer un minucioso y exhaustivo trabajo en relación con los espacios de culto de la ciudad (tanto intramuros como extramuros). De esto deducimos que, en la fecha de la publicación del libro, 1616, no existía dicho edificio.

Por otro lado, existen ciertas transcripciones de actas de la cofradía de san Antón, siendo las más antiguas del año 1642. No se sabe el grado de veracidad que tienen estas copias, pero por el contenido de las mismas, los elementos y hechos históricos que se narran en ellas y sus coincidencias con la realidad hacen bastante plausible que sean auténticas. Además, es a partir de esta misma centuria cuando se produce una expansión de casas y recintos religiosos fuera de las murallas, los habitantes se animan a construir fuera de ellas y esto hace que crezca la urbe. Todo ello lleva a suponer que los orígenes de la capilla se encuentren en la franja cronológica entre 1616-1642, sin poder precisar más por falta de documentación.

Como ya adelantábamos unas líneas más arriba, la ermita está dedicada a san Roque, sin embargo, se conoce popularmente como de san Antón, debido al barrio en el cual está ubicada. A pesar de ello, es curioso ver como las distintas referencias a los dos mártires se funden con el área, una para dar nombre a la barriada y otra para mencionar calles o bajadas, paralelas entre ellas (calle de San Roque y Bajada de San Roque). No sólo en los alrededores vemos esta confluencia, sino dentro de la propia edificación.

Coronando el presbiterio está la imagen de la Virgen del Buen Alumbramiento, o de la Candelaria, como popularmente se la conoce. Y a ambos lados descansan los santos. En el derecho, san Roque, vestido de peregrino con un bastón en la mano, mostrando la herida en su pierna y custodiado por el perro con un pan en la boca que acompaña a su leyenda. Según dice la tradición,

Altar mayor con las imágenes

el santo consagró su tiempo a curar enfermos, especialmente de peste, y es en esta ocupación cuando se contagia de dicha enfermedad. Ante este suceso se marcha a un bosque alejado y estando en ese retiro un perro de una casa acomodada comienza a acudir diariamente con un pan en la boca para alimentarle. El dueño del can, ante las escapadas del animal, decide seguirlo, descubriendo así al individuo enfermo. Lo lleva a su casa y le hace las curaciones oportunas, de manera que consigue sobrevivir. Otra de las versiones narra además que el propio perro lamía las heridas del contagiado y eso le ayudó a sanar.

En el lado izquierdo de la Virgen aparece representado el otro santo, san Antón o Antonio Abad, con un sayal con capucha y una barba blanca y larga. Porta en su mano derecha un bastón coronado con una Cruz y en la izquierda un libro. Junto a él aparece la representación de un cerdo o jabalí llevando a la cría entre los dientes. Su historia relata la existencia de un hombre que donó todos sus bienes a los pobres y se dedicó a la vida asceta y humilde, siendo tentado muchas veces por el demonio. Su estilo de vida atrajo a otros anacoretas, lo que ha supuesto que se le considere uno de los padres de la vida monacal. Sobre su asociación con los animales existen varias explicaciones. Una de ellas hace alusión a que para enterrar al ermitaño Pablo el Simple fue ayudado por dos leones y otros animales, y de ahí que se le relacione con ellos, la otra tiene que ver con la curación por parte del santo de la ceguera de unos jabatos y, desde ese momento, la madre no se separó de él convirtiéndose en su protectora.

El nombre de la barriada donde está emplazado el recinto sagrado viene heredado del antiguo hospital de San Antón, fundado en esta zona allá por el año 1318 por don Gonzalo Ruiz de Toledo (el conde de Orgaz del famoso cuadro pintado por El Greco). La principal función de este centro era curar a los enfermos del denominado «fuego sacro», dolencia producida por el cornezuelo del centeno, pero que acabó por desaparecer y erradicarse al dejar de utilizarse ese cereal para la fabricación de pan. Este sanatorio estaba regido por la Orden de san Antonio Abad, los antonianos, encargados del cuidado de los ingresados. En el momento de su construcción se encontraba fuera de las murallas para evitar contagios y frenar así la propagación de la enfermedad. No obstante, poco a poco, el espacio habitado fue aumentando en tamaño y en la actualidad se encuentra dentro de la ciudad, quedando totalmente integrada en la estampa de la misma. Las ruinas del hospital estuvieron visibles hasta la primera década del siglo XIX, si bien, la nomenclatura del lugar ha seguido vivo y asociado al barrio hasta nuestros días.

La advocación de la ermita lleva a pensar que debió de construirse en un momento de epidemia o peste, debido a que san Roque es conocido por ser el patrón protector de este tipo de padecimientos, y a quien se suele recurrir para pedir auxilio ante dichos males. Es habitual encontrar muchas capillas dedicadas al santo y su erección guarda relación directa con algún voto en referencia por salvarles de la peste. Existen además referencias concretas sobre la ermita alusivas a la celebración de procesiones

Puerta de entrada y coro

de la imagen en épocas de peste, como la realizada en 1819, o ante brotes de cólera. A modo de anécdota, podemos remarcar que en 1834, fecha de una gravísima epidemia de esta última enfermedad, la hermandad acordó entregar subsidio económico a las viudas o herederos de 80 reales por los cofrades fallecidos. Incluso se crearon plegarias rogando al señor con unos versos finales referidos al santo:

> Humillados os pedimos
> que la peste no nos toque
> por la intercesión que tiene
> Nuestro Protector San Roque.

La construcción de la ermita se realizó con limosnas de los fieles y haciendo voto al Ayuntamiento de proclamar su consagración cada año en honor al beato. Esta festividad se siguió celebrando anualmente al menos hasta mediados del ochocientos, sin saber con exactitud cuándo dejó de realizarse, ya que a hoy día no se mantiene. Es curioso constatar, así lo reflejan las actas, cómo la mayoría de las rehabilitaciones, mejoras, decoraciones, reconstrucciones, etc., llevadas a cabo, se han ido sufragando con los donativos de la cofradía y los feligreses, lo cual da claras evidencias de la importancia de este espacio para ellos. Debemos tener en cuenta que los integrantes de la cofradía a lo largo de su existencia, especialmente en sus inicios, han sido en su mayoría personas de origen humilde (pescadores, latoneros, aguadores, tejedores, zapateros...), lo que hace aún más loable el esfuerzo que supone y el fervor religioso que se demuestra.

La fiesta más importante es la que se realiza en honor a san Antón con la bendición de animales. De larga tradición, en la actualidad sigue presente y muy viva. El 17 de enero es la fecha señalada por el santoral, sin embargo, para facilitar la asistencia de los fieles se realiza el domingo más cercano al día del santo, siempre que no coincida con este día de la semana. Durante la jornada festiva y alegre, las personas que lo desean acuden a las puertas de la ermita con sus mascotas para solicitar la bendición de los animales. Aunque este es el momento más destacado y popular, la celebración va acompañada de otra serie de actos litúrgicos los días previos. Se realiza un triduo que continúa el domingo indicado con la procesión de la imagen, la misa y bendición de panecillos y de animales domésticos, así como la realización de una subasta. El punto final a la festividad culmina un día después con la Eucaristía en honor a los hermanos fallecidos.

A pesar de que la cofradía de san Antón es la más conocida, no es la única adscrita al lugar pues cuenta con otras dos. La primera es la de la Virgen del Buen Alumbramiento, con un número de cofrades similar a la anterior (alrededor de 400). Conforme a la mentalidad de la época, prolongada durante centurias, estaban segregadas por sexos, perteneciendo los hombres a la del santo y las mujeres a la de María. Adaptándose al sentir actual, en las últimas décadas esta separación se ha ido eliminando y actualmente hay representantes de ambos géneros en las dos hermandades. La solemnidad, también denominada de la Candelaria, tiene lugar el 2 de febrero y su desarrollo es muy similar a la del Santo Abad, exceptuando la bendición de animales. De igual forma, y por idénticos motivos, se celebra el domingo más próximo a la fecha en cuestión.

La tercera compañía asociada a la ermita, bastante más pequeña que las otras, es la de san Isidro Labrador, cuya conmemoración es el día 15 de mayo. Aquí los mayordomos acuden al lugar y sacan en procesión a su patrón, una talla ubicada a la entrada del templo. En la imagen, el santo aparece representado con unas espigas en la mano y dos bueyes a sus pies como símbolos del trabajo en el campo. En esta jornada se realizan oraciones para pedir por las buenas cosechas.

La ermita en sus orígenes recibió el nombre completo de San Roque y Nuestra Señora del

Bendición de animales el día de san Antón

Buen Alumbramiento, y si a esto le añadimos su ubicación en el barrio de San Antón, queda claro el motivo de adscripción de ambas cofradías, la de san Antonio Abad y la de la Candelaria. En el caso de la de san Isidro es más difícil determinar por qué se encuentra unida a este santuario, aunque podría haber una posible explicación. En los inicios del levantamiento del edificio estaba vinculada a la iglesia de San Isidoro y por tanto las tres cofradías tenían una relación bastante cercana y un nexo de unión. Al desaparecer la parroquia, parece lógico pensar en la necesidad de buscar otro lugar sagrado donde trasladar la imagen del patrón del campo para ser venerado. La cercanía a la ermita y la relación entre ambos espacios pudo facilitar la elección.

El emplazamiento elegido para la construcción de la ermita fue un área abierta, sin zonas urbanizadas en los alrededores. Se trataba de un terreno donde se decía que se respiraban aires limpios, puros y por ello la gente iba allí a disfrutar de una atmósfera sana y un entorno idílico, recreándose con las vistas al

La ermita en 1864. Fotografía de Alfonso Vegue. Fuente: blog Toledoolvidado

río Tajo, a la Vega baja y con un acceso visual a la naturaleza y al campo. Todo ello ayudaba a sanar el cuerpo y el alma y a generar un estado de bienestar muy propicio para el levantamiento del cenobio, en especial si tenemos en cuenta que su construcción va ligada con una alabanza a la sanación y curación frente a enfermedades como la peste, transmitida por el aire contaminado. No es de extrañar, por tanto, que se considerase un espacio muy adecuado para la existencia de la capilla al igual que lo fue para la creación del hospital.

En la Guerra de la Independencia contra los franceses (1808-1814) la ermita es destruida y la figura del santo, junto con la de la Virgen del Buen Alumbramiento, se trasladaron a las iglesias parroquiales de San Isidoro y de Santiago el Arrabal donde se mantuvieron hasta mediados del siglo XIX. Es en este espacio de tiempo, concretamente entre los años 1855 y 1856, cuando se produjo un nuevo brote de cólera que azotó a la ciudad y llevó a los devotos que habían sobrevivido a la infección a entregar una aportación económica para conseguir reformar el edificio. Es el 19 de abril de 1857 cuando el santuario se abre de nuevo los feligreses y las tallas de los dos santos son devueltas a su lugar de origen. Debido al carácter humilde de las donaciones, la capilla es decorada de manera sencilla, adaptada a los gustos estéticos del momento, pero sin floritura alguna.

A partir de aquí, la preocupación por el estado del cenobio es constante, ya que en 1882 se lleva a cabo otra reforma, tal como indica la datación impresa en la puerta enrejada de la parte exterior que da acceso al templo. Las obras de mejora continúan a lo largo del siglo XX (un ejemplo son las acometidas en el año 1929).

Actualmente podemos describir la ermita como sencilla, una sola nave con paredes enyesadas en color blanco, un pequeño zócalo y un ábside de estilo neoclásico que intercala el tono blanco con el crema y sobre

San Isidro Labrador

el que se puede leer la frase «AVE MATER DEI», haciendo referencia a la Madre de Dios. En su parte superior se localiza un pequeño coro con una escalinata lateral de acceso, estrecha y protegida con una humilde barandilla de madera en color marrón. En cuanto a la parte exterior, se observa una construcción de igual simplicidad que se levanta sobre una pequeña base. Coronando el edificio, una espadaña que sujeta la campana encima de una cubierta de tejas a cuatro aguas. En los vanos del edificio, en todos ellos, un enrejado que quizá es lo más característico del lugar, ya que las dos ventanas centrales aparecen rematadas con las letras «S» y «R» en honor al santo patrón.

Para concluir, como un elemento destacado en esta ermita, cabe señalar que tanto la Asociación de Vecinos como la Cofradía mantienen una relación muy estrecha con el recinto sagrado y su entorno, no solo a nivel religioso sino también social, lo que lleva a involucrar a creyentes y a los que no lo son. Es muy característico en sus celebraciones el encendido de hogueras (en san Antón y la Candelaria), realizadas en el patio de entrada. Alrededor de las llamas y del fuego, los vecinos y visitantes intercambian conversaciones y momentos, convirtiendo el lugar en punto de encuentro donde disfrutar con los demás. Quizás este aspecto sociológico que envuelve el espacio, lo dota de amplia popularidad, especialmente a mediados de enero, cuando los habitantes de Toledo acuden a bendecir a sus mascotas.

3

SAN JERÓNIMO

Imagen lateral

Si Toledo se hermosea
por tener sus cigarrales,
con los sobrenaturales,
Tirso, Madrid se recrea,
agradece á vuestra idea
que le dexe en sucessión
partos de recreación,
estancias de amenidad,
preceptos de urbanidad
y exemplos de erudición.

Este poema de Alonso de Castillo Solorzano aparece recogido al inicio del libro *Los Cigarrales de Toledo* de Tirso de Molina, fechado en la década de 1620. En este escrito se narra cómo durante cuarenta días, un grupo de amigos pasarán los calurosos días de verano en los cigarrales toledanos. Estos lugares eran —y son— casas de recreo a las afueras de la ciudad, generalmente propiedad de nobles, clérigos y gente pudiente para disfrutar del campo y huir del sofocante calor estival. Quizá el lector se pregunte por qué recogemos estos versos aquí o el motivo por el cual se menciona la obra de este conocido autor español. Pues la razón no es otra que la ermita que nos atañe aparece reflejada aquí, de manera vaga y sutil, pero dándonos muestra de cómo prosa y creación literaria muchas veces se funden con realidad e historia, cómo algo tan efímero como un par de líneas en una narración, pueden dejar constancia de un hecho real, tangible.

La pieza trata sobre cinco cigarrales, siendo el cuarto de ellos el de los Clérigos Menores. En el capítulo dedicado a este sitio de esparcimiento menciona que antes de empezar la jornada fueron a escuchar misa a una ermita recién construida, a la que denomina «nueva y curiosa», y alude a que el religioso dueño del cigarral la había hecho construir. El propulsor de esta construcción no es otro que Jerónimo de Miranda, canónigo de la Catedral de Toledo, quien, en 1612 según las fuentes, aunque sobre la puerta de entrada figura 1611, manda levantar este edificio y es consagrado por el obispo de Troya y auxiliar de Toledo don Melchor Soria y Vera. Este cenobio se ubica a la entrada de la propiedad con la idea de facilitar a los hombres y mujeres de la zona que pudieran acudir a la Eucaristía sin necesidad de trasladarse hasta Toledo, facilitando así el acceso al culto. Miranda deja este cigarral en herencia tras su muerte a los Clérigos Menores de San Francisco de Caracciolo y estos se asientan aquí en 1619. Con la llegada de los monjes, pasa a convertirse en convento dedicado a san Julián hasta su desamortización en 1835, si bien el templo levantado por su predecesor se sigue manteniendo en pie, aunque poco a poco va perdiendo uso.

Como no es de extrañar, la denominación que recibe la ermita hace alusión al nombre de su benefactor, dedicando su advocación a san Jerónimo. Este santo tiene varias iconografías asociadas a él, aunque la más repetida en el Barroco era la de un santo penitente mirando un crucifijo o calavera mientras se golpeaba el pecho con una piedra, vestido con una túnica y acompañado del león al que quitó una espina de su pata y que desde ese momento permaneció con él. Esta representación es la que aparece en el altar de la pequeña capilla, aunque sin duda no es la original.

Hornacina de san Jerónimo
en el altar mayor

En 1810 las tropas napoleónicas saquearon el templo y la talla original desapareció, siendo repuesta seguramente en la segunda mitad del siglo XIX. Se sabe que fue comprada una nueva porque en 1870 tuvo lugar el robo de la imagen y fue renovada otra vez, allá por el año 1875. Ya en la centuria del XX, durante la Guerra Civil española (1936-1939), el cenobio fue nuevamente atacado y utilizado como cuadra. La figura del santo fue mutilada de manos y decapitada, lo que llevó a esconderla tras la guerra por su mal estado de conservación en una hornacina de la sacristía tapiada tiempo después. Con todos estos sucesos acaecidos, podemos señalar que la que hoy día vemos es la adquirida tras la contienda, probablemente la cuarta que mantiene la ermita. El estilo que presenta la actual es el típico de las representaciones del siglo XVII que destacábamos unas líneas más arriba, por lo que es plausible pensar que se fuesen encargando las sucesivas tallas a imagen y semejanza de la anterior, aunque no podemos asegurarlo.

A pesar de que la ermita se encuentra en un entorno idílico y bucólico, también presenta el inconveniente de estar retirada, lo que dio lugar a que fuese profanada con facilidad en varias ocasiones, como las anteriormente señaladas, pero además provocó que terminase por estar en desuso durante siglos. Por suerte, en 1845, un racionero de la catedral propietario de un cigarral en las inmediaciones mostró un interés por el edificio que aquí estaba y decidió reformarlo. Aunque desde entonces el estado de conservación del templo ha sido correcto, las misas ya no se celebran y es sólo en su día grande, el 30 de septiembre, o el fin de semana más próximo si este no cae en festivo, cuando se desarrollan los actos litúrgicos.

Ese día los cofrades, vecinos y personas que deciden visitar el sitio, acuden para compartir la misa con el resto de los fieles y disfrutar también de los festejos no religiosos que acontecen en los alrededores. Una de las actividades más destacadas es el juego de las quínolas, que al igual que en muchas ermitas de Toledo se realiza para conseguir fondos destinados al mantenimiento del santuario. Se pone un tablero de madera sobre el cual se colocan parejas de cartas (dos cincos, dos sietes, dos sotas…) y el participante hace apuesta por una de las parejas. Una vez terminada la adjudicación de naipes, se corta otra baraja y si la carta que sale coincide con la del jugador, este gana el premio, que normalmente es algún jarrón de cerámica, un chorizo, un queso… o cualquier otro elemento culinario. Antiguamente el presente era el bizcocho denominado quínola, pero poco a poco esta costumbre ha ido desapareciendo.

El emplazamiento de la ermita hace que los asistentes a la festividad sean de lo más variado, pero para entenderlo mejor debemos remontarnos un poco en el tiempo. Originariamente, este área estaba ocupada por huertas, por lo que gran parte de sus habitantes eran campesinos. Además, se encontraban los cigarrales donde los cigarraleros, sus cuidadores, se dedicaban a vigilar estas propiedades y a su mantenimiento, tanto en el tiempo de la estancia de los dueños como en su ausencia, y todo ello hace pensar que se trataba de un vecindario principalmente humilde.

Fachada principal

para algunos historiadores se trata de la segunda edificación y para otros de la primera.

Sixto Ramón Parro en su *Toledo en la mano* defiende que en este periodo se produce un ensanchado y decorado de la basílica bajo el gobierno del rey Sisebuto por petición del arzobispo Elodio. Respecto al estilo constructivo y la decoración, podemos deducir, dado el uso como sede de diferentes concilios, que era de gran tamaño, además de poseer cierta riqueza en sus materiales, según lo muestran los restos encontrados en los alrededores. Algunos estudiosos sostienen que las columnas situadas en la actualidad en las galerías del patio principal del Museo de Santa Cruz, antiguo hospital de Niños Expósitos y de los muros exteriores del coro de la catedral, fueron reutilizadas de los restos de este templo. No obstante, no se debe olvidar que se trata de un periodo histórico con conflictos bélicos en el cual las artes no se desarrollan en su mayor esplendor y el edificio, aunque importante para la época, no sería algo especialmente remarcable.

Sin lugar a dudas, el cenobio de esta época tuvo gran valor religioso y político, pues como ya adelantábamos en el párrafo anterior, allí se celebraron varios concilios. Estas reuniones eran convocadas por el rey y a ellas acudían la nobleza y los obispos como representación de la Iglesia. Principalmente se trataban temas eclesiásticos, sin embargo, no se negaban otros aspectos relacionados con el gobierno y la monarquía visigoda imperantes en ese momento.

Los concilios celebrados en esta basílica fueron el IV, V, VI y XVII, todos ellos en los primeros cien años de su construcción, entre el 633 y el 694. Por otro lado, fue lugar de descanso para muchos dignatarios de la Iglesia y monarcas godos. Algunos de estos personajes importantes fueron san Eladio, san Julián o el rey Tulga.

En el último concilio de esta centuria acude como asistente Warderedo con el título de Abad de Santa Leocadia, lo que lleva a pensar que el edificio fuese iglesia colegial en este tiempo y apoyaría la idea de ser un santuario notable desde el comienzo de su construcción. Durante este siglo también tiene lugar el milagro de la aparición de santa Leocadia a san Ildefonso, arzobispo de Toledo. Este, junto con toda la corte real, encabezada por Recesvinto, bajaba a la basílica para honrar a la mártir y es ahí cuando, saliendo de su tumba, hace acto de presencia ante el patrón de Toledo para agradecerle la defensa de la virginidad de María. Desde entonces, el nombre de ambos quedan unidos, así como conectados a la iglesia levantada en memoria a santa Leocadia. Tras la muerte del prelado, es enterrado en el mismo templo

Representación de la imposición de la casulla a san Ildefonso

junto a ella. Hoy día podemos ver las dos lápidas en la parte central de la ermita, aunque se encuentren vacías, pues los restos fueron trasladados, los de ella a la catedral de Toledo, los de él a Zamora. Años atrás, este espacio estuvo protegido por unas barandillas de madera que actualmente ya no existen.

A principios del siglo VIII, el poder visigodo se tambalea, en el 711 las tropas musulmanas de Tarik penetran por el estrecho de Gibraltar llegando hasta Toledo. Ante esta circunstancia se aprecia de manera muy notable la devoción de los toledanos cristianos por el lugar, pues, a pesar de estar la ciudad asediada por los nuevos invasores, los fieles deciden acudir a celebrar la procesión del Domingo de Ramos de la Semana Santa en el año 715. Algunos escritores señalan que durante esta celebración, los judíos ayudaron en la toma de la ciudad y se indica cómo los cristianos deciden acudir a dicha basílica porque encuentran las tiendas de los invasores deshabitadas y creen que la situación es segura, pero estas fuentes no tienen ninguna base y, por lo tanto, son difícilmente comprobables.

Indudablemente, al tratarse de un edificio cristiano y dada su relevancia, es destruido por los sarracenos y no es hasta 1162, ya tras la Reconquista, cuando vuelve a levantarse el templo gracias a la figura del arzobispo Juan. Para su erección reutilizan en la medida de lo posible los materiales destruidos que se encontraban en los alrededores.

Aunque probablemente la basílica erigida por este mitrado era más humilde que la de épocas posteriores, sí se sabe que contaba con tres naves, con una capilla mayor y dos colaterales junto con otra del Cristo de la Vega. Este santuario se mantuvo hasta el XVIII cuando con limosnas de los vecinos se hizo una remodelación para mejorar su estado por hallarse muy deteriorado.

El uso que se le da durante este periodo es el de Colegial ocupado por canónigos de San Agustín con un abad a la cabeza. El recinto es sostenido por las rentas de antiguas abadías como la de San Cosme y San Damián, la Virgen de Atocha de Madrid o San Audicio, aunque en el quinientos, parte de estos centros religiosos pasan a formar parte del recién construido monasterio del Escorial. Santa Leocadia se queda sin estas rentas y la basílica empieza a perder importancia por primera vez en la historia desde la hegemonía cristiana. Lo que sí conserva a partir del año 1301 es la dignidad de Abad de Santa Leocadia, manteniendo su asiento en el coro de la catedral hasta 1851.

El templo recibe la influencia de las ideas y conflictos bélicos que acontecen en cada ocasión. A pesar de su reconstrucción en el setecientos, el cenobio se ve afectado en otras ocasiones. Cabe destacar el ataque durante la Guerra de la Independencia, momento en el que el lugar es profanado y destruido de igual modo que sucedió en periodo andalusí. En este caso, el recinto es demolido y únicamente el ábside se mantiene en pie, siendo reconstruido en 1816.

Ábside mudéjar. Fot. Rafael Garzón, 1897. AMT.

No sólo el santuario se ve perjudicado en este periodo, sino también algunos materiales muebles asociados a la religión católica. En el XVI se había encargado al afamado artista Alonso Berruguete una serie de estatuas de los patronos de la ciudad para adornar las puertas de entrada a la misma y durante 300 años se habían mantenido ahí.

La escultura de Santa Leocadia estaba ubicada en la puerta del Cambrón, pero ante los ataques de ciertos individuos durante la Guerra Civil de 1833 y por miedo a su destrucción, la figura fue retirada, trasladada al Ayuntamiento y posteriormente llevada a la basílica. Es la que hoy corona la puerta de entrada al edificio dentro de una hornacina de piedra, hecha en mármol, de aproximadamente un metro de altura y a imitación del estilo puramente clásico.

En 1826 el santuario cambia su nombre y empieza a recibir el título de ermita del Cristo de la Vega, haciendo alusión a la figura de Jesús con el brazo desprendido de la cruz que da respuesta a la famosa leyenda *A buen juez, mejor testigo*, escrita por José Zorrilla y protagonizada por Inés de Vargas y Diego Martínez.

La historia cuenta como en el siglo XVI, una dama de ilustre familia bajaba con su doncella diariamente a la basílica de Santa Leocadia para escuchar misa. Uno de esos días, un mozo la ve y comienza a galantearla. Los dos jóvenes empiezan un idilio amoroso y llevados por la pasión quebrantan las normas religiosas del momento con el consiguiente enojo del padre. Tras los acontecimientos acaecidos, Inés solicita a Diego que la tome en matrimonio, pero este, perezoso ante tal propuesta, alude la imposibilidad de hacerlo pues debe marchar a Flandes, mas a su vuelta, dice, la tomará como esposa. Ella duda de su palabra y le pide jurar ante el Cristo de la Vega. Tras las negativas iniciales, termina accediendo, y posando su mano sobre el pie de la figura, jura su compromiso de desposorio.

El tiempo pasa pero el joven no vuelve. Inés, aunque desesperada y desconsolada, no pierde la esperanza y acude cada día a las puertas de la ciudad para ver si aparece su amante. Tras más de dos años de espera, una jornada, mientras observaba desde uno de los torreones de la puerta del Cambrón, divisó a lo lejos a un caballero subido en su corcel que reconoció rápidamente, se trataba de Diego que volvía convertido en capitán. Al atravesar la entrada, Inés lo llamó, pero este hizo ademán de no conocerla ante la mirada perpleja de ella y el dolor imperante en sus ojos. Dejó pasar unos días y al ver que el capitán no acudía a su casa ni buscaba su compañía, decidió ir a su morada, primero con amenazas y después con ruegos, pero el resultado fue la misma indiferencia del caballero.

La joven ya desesperada, toma la decisión de visitar al corregidor don Pedro Ruiz de Alarcón, quien ante el estado de ella decide llamar a Diego Martínez para que responda ante tales acusaciones. Este vuelve a negar su juramento y el mandatario pregunta a Inés de Vargas si tiene algún testigo de dicha promesa, ante la cual ella responde: «Sí, el Cristo de la Vega».

Óleo de Inés y Diego frente al Cristo

Esa misma tarde el gobernador junto con los monjes, jueces, guardias, el escribano, los dos protagonistas de la historia y otros tantos ciudadanos que deciden acudir a esta curiosa toma de declaración, se dirigen hacia la ermita. Una vez allí, el escribano se sube al altar y pregunta al crucifijo: «Señor, ¿jura que don Diego dio palabra de casamiento a doña Inés?». A lo cual el Cristo respondió entreabriendo la boca y bajando un brazo: «¡Sí, juro!».

La historia quiso que Inés tras este acontecimiento, tomase los hábitos en uno de los conventos de Toledo siguiendo Diego el mismo ejemplo. Desde entonces los ciudadanos, ante este hecho tan milagroso, veneran con ferviente fe al Cristo de la Vega.

Esta es la leyenda más conocida sobre la imagen, al ser reproducida por Zorrilla en su obra señalada más arriba *A buen juez, mejor testigo*, sin embargo, no es la única.

Otra de ellas hace referencia al préstamo realizado por un cristiano a un judío. Este último, teniendo por seguro que no había nadie que hubiese presenciado dicho intercambio, negó haberlo recibido, ante lo cual el cristiano pidió testimonio al Cristo, quien como prueba de ello bajó la mano desclavándola de la cruz.

Hay una tercera interpretación que narra como estando dos caballeros en un duelo por cuestiones de amores junto a la ermita, y habiendo caído uno de ellos, el vencedor, llamado Gualtero, decide perdonarle la vida. A continuación, entra a orar ante el Santísimo Cristo y este baja su brazo en señal de aprobación por su loable comportamiento.

Salazar y Mendoza, clérigo e historiador del XVI, cuenta que en San Miniato de Florencia existe una ermita con un Cristo en la misma posición que el de la Vega y para justificar dicha postura narran este mismo mito.

Pero la versión más realista, alejada de leyendas, defiende que esta posición del crucificado se debe a que formaba parte de un conjunto de imágenes de un descendimiento, aunque ahora solo se conserva esta pieza.

Respecto a la escultura que preside y da nombre a la ermita no es la original, aunque está hecha a imagen y semejanza de ella respetando su estilo gótico. La primigenia databa del XVI y se sabe que ya en 1554 estaba ahí. Fue quemada por los franceses durante la Guerra de la Independencia y es en décadas posteriores cuando se realiza una nueva. De la antigua solo se conserva la cabeza, guardada en el museo del convento de San Antonio de Padua, morada de las monjas franciscanas de la tercera orden. La actual, dañada en la última Guerra Civil española al recibir varios balazos, fue restaurada en 1938 por Bienvenido Villaverde.

La última intervención realizada ha tenido lugar en 2013 a cargo de Germán Pérez Martínez y se han arreglado elementos estéticos de la figura como desperfectos en la pintura.

A pesar de los sucesos negativos y de las vicisitudes sufridas en el santuario a lo largo de estos años, no todos los hechos acaecidos han sido así. Cabe destacar una serie de situaciones ocurridas durante el XIX que denotan la importancia de la ermita y cómo sigue siendo relevante para los dignatarios de la iglesia.

El ábside en la actualidad

Así, en 1845 el Cabildo Primado decide construir un panteón en el pórtico del templo para enterrar al clero catedralicio, que podemos observar actualmente a ambos lados de la entrada tras la bella rejería de acceso a la ermita. En este mismo año el pontífice Gregorio XVI otorgó indulgencia plenaria y remisión de los pecados a todos los fieles arrepentidos que visitasen la basílica los días 26 de abril, considerado momento de la traslación de la santa a la catedral de Toledo; 9 de diciembre, fecha de su martirio; 23 de enero, celebración de san Ildefonso; y las vísperas de todas esas efemérides, así como los siete viernes siguientes a la Pascua de Resurrección conocidos como Reviernes, quizás siendo la festividad más señalada del lugar en la actualidad. El motivo de este septenario se debe a la conmemoración de las siete palabras de Cristo en la cruz que dejamos aquí reflejadas:

Padre, perdónalos, porque no saben lo que hacen...
Yo te aseguro: hoy estarás conmigo en el Paraíso...
Mujer, ahí tienes a tu hijo...
¡Dios mío, Dios mío!, ¿por qué me has abandonado?...
Tengo sed...
Todo está cumplido...
Padre, en tus manos encomiendo mi espíritu.

Las celebraciones durante dichos días ayudan a mantener viva la ermita y a unir a fieles y vecinos en este momento de comunión con la iglesia. En todas estas jornadas se mantiene primero la realización del rezo del Rosario y a continuación la ceremonia de la Santa Misa, reservando una de estas Eucaristías para pedir por el alma de los Hermanos difuntos. Después de estos actos religiosos, los festejos van variando en función del viernes. Algunos de estos días tienen lugar conciertos a cargo de diferentes colegios de la ciudad. Recientemente han intervenido, por ejemplo, la Escolanía del Colegio Nuestra Señora de los Infantes o la Coral del Colegio Santa María Hermanos Maristas. La fiesta no olvida a los más pequeños y para ellos preparan juegos, de tal manera que el disfrute durante la jornada sea igual para toda la familia. El último reviernes es cuando tiene lugar la procesión con la imagen del Santísimo Cristo de la Vega por los alrededores de la basílica, un paraje realmente bonito.

No es el único momento en el que la escultura abandona su sede. Durante la Semana Santa procesiona dos veces, el Lunes Santo, que es subida a modo de Vía Crucis hasta la Catedral, y el más importante, el Jueves Santo, cuando es bajada de nuevo. Para todas estas procesiones los hermanos visten la túnica granate con caperuza sujeta con un cíngulo amarillo, llevan un escapulario blanco con una corona de espinas y tres clavos bordados como símbolo de la Pasión, y colgada del cuello la medalla con la imagen del Cristo. En el caso de los porteadores de las andas, la banda musical y los menores de diez años sustituyen la caperuza por una capelina.

Después de los siete viernes de celebración, los festejos culminan con la fiesta de la Hermandad del Cristo de la Vega. Aquí se pueden degustar diferentes elementos culinarios de la zona, así como disfrutar de una limonada o de las famosas roscas. Se ameniza con actividades para pequeños y grandes. Para estos últimos se realizan rifas y quínolas en las que se pueden obtener distintos premios. Es en esta celebración cuando se incluye el regalo de una rosca a cada hermano, recibiéndolas en la basílica, hecho que se repite cada año.

Respecto a la Hermandad del Santísimo Cristo de la Vega, las primeras noticias que se tienen datan del 26 de junio de 1668 en un documento que refleja como Bernardino Ortiz entrega un depósito de 437 reales de vellón, con los cuales se dota de una corona para el Cristo y otros efectos. La siguiente referencia documentada es de 1833, y se sabe, aunque desconociendo el motivo, cómo tiempo después desapareció y no es hasta 1929 cuando vuelve a ser refundada. En este caso fue gracias a vecinos de la ciudad, especialmente del ámbito de las artes

Original estampa de la cabecera

gráficas y el periodismo que sacaban a la imagen, y destacando el papel de Emiliano Segura, hermano del Cardenal Primado, que colaboró notablemente en la creación de dicha hermandad.

A pesar de las antiquísimas referencias, ya del XVII, no es hasta el 13 de abril de 1984 cuando se elaboran los primeros estatutos de mano del señor Vicario del arzobispado de Toledo. Fueron renovados por última vez en el año 2007. La cofradía, como dejábamos entrever más arriba, cuenta además con una banda de cornetas y tambores formada por más de una veintena de hermanos y hermanas dirigida por dos de ellos. Se trata de una comunidad bastante activa, pues cuentan con redes sociales donde realizan publicaciones periódicas. Hace unos años encargaron la escritura de un libro sobre la historia del Cristo de la Vega y venden incluso *merchandising* de la cofradía como corbatas o medallas para recaudar fondos.

Durante todas las jornadas de celebración, cualquier persona es bienvenida y permite al visitante disfrutar de un recinto religioso que no siempre está abierto.

Se trata de un lugar rodeado de un hermoso jardín y coronado por el monumento del Sagrado Corazón de treinta metros de altura en estilo mudéjar, mandado construir por el cardenal Segura en la década de 1930. La edificación no estuvo libre de controversia. Toledanos e instituciones como la Real Academia de Bellas Artes y Ciencias Históricas de Toledo mostraron su desacuerdo ante dicha construcción al considerar que rompía con la estética romántica del lugar, calificado de ensueño y remanso de paz. No obstante, se continuaron con las obras, dándole tal importancia que incluso el Cabildo Primado decidió adquirir una amplia parcela en las cercanías y derruir el edificio que ahí se encontraba para permitir que el monumento fuese visible desde más puntos de vista.

El conjunto monumental fue levantado no solo teniendo en cuenta el gusto estético, sino su funcionalidad, pues la terraza que remata el primer cuerpo se realizó con la idea de poder decir misa desde ahí en determinadas ocasiones y ser un mirador desde el cual disfrutar de las maravillosas vistas del Tajo. El segundo cuerpo consta de cuatro caras con un arco en cada una de ellas y lápidas de mármol gris con inscripciones latinas. También presenta medallones de cerámica realizados por el especialista Ángel Pedraza con retratos de santos toledanos, algunos de ellos enterrados en la zona, y escudos de las siete provincias que pertenecían a la de diócesis de Toledo en ese momento. Todo este espacio intermedio está protegido por un enrejado de hierro.

Culminando el conjunto se encuentra un Cristo esbelto diseñado por Tomás Gimena y realizado por Francisco Hernández. Presenta los brazos extendidos con unos marcados pliegues en su vestimenta y es visible desde numerosas perspectivas. Merece señalar que bajo el Sagrado Corazón se construyó una cripta dividida en tres naves separadas por columnas, que hacían además la función de contrapeso para la parte superior y contaba con capacidad para unas doscientas personas. En este espacio se diseñó una cúpula para permitir entrar el aire y la luz y un artesonado de estilo mudéjar realizado por Joaquín Potenciano. Cuenta por otro lado, con un altar sencillo, poco ornamentado y algunos elementos de

Monumento del Sagrado Corazón

forja realizados por Julio Pascual, como un crucifijo, el Sagrario o algunos candelabros. Se incluyeron también unas cruces de madera y cobre en estilo románico que indicaban las estaciones del Vía Crucis. El espacio sobrante permitió realizar dos escaleras, dos confesionarios y una sacristía.

En el área exterior del recinto distinguimos, a parte de la zona ajardinada, la casa del santero justo a la entrada, actualmente ocupada por una familia encargada del cuidado del espacio. Respecto a la ermita aparece flanqueada por una rejería de gran belleza con motivos vegetales, animales y humanos. Coronando esta puerta vemos el escudo de la catedral y junto a ella una antigua columna estriada con capitel de época visigoda, siendo la única que se mantiene del antiguo templo. Tras pasar este primer acceso llegamos a la zona de sepulturas porticadas a derecha e izquierda y de frente, la capilla. Levantada al estilo mudéjar (el Sagrado Corazón se realizó imitando idéntico modelo) presenta una gran sencillez. Su exterior cuenta con un revestimiento en ladrillo y mampostería, un tejado a dos aguas y planta rectangular. El espacio ofrece ventanales, los de mayor riqueza en el ábside con yeserías ricamente ornamentadas en estilos vegetales, siendo lo único que sobrevivió tras los ataques durante la Guerra de la Independencia.

En su interior descubrimos una sola nave, con el suelo a base de azulejos de cuerda seca con las armas del cabildo catedralicio representadas en la zona central. Este enlosado es fruto del artista toledano Aguado y data del siglo XIX. Mirando ya los muros, en la primera mitad vemos un zócalo de cerámica en tonos verdes blancos y ocres en la parte baja y pared lisa en color blanco en la superior. Acercándonos hacia el ábside es donde contemplamos este estilo constructivo que asemeja al árabe y en la pared derecha algunas hornacinas pequeñas casi a ras de suelo. Realizado en ladrillo con varios arcos polilobulados, adornando los laterales, se hallan algunos lienzos de temática religiosa datados en su mayoría en los siglos XVIII y XIX.

De los temas representados podemos destacar una imagen de santa Leocadia, la *Oración en el huerto*, la *Adoración de los pastores*, varias representaciones de Inmaculadas rodeadas de ángeles y como curiosidad, un cuadro que recuerda el momento de Inés de Vargas y Diego Martínez frente al Cristo. En el lado derecho, la imagen de un fraile dominico lleva a considerar la hipótesis de tratarse de san Vicente Ferrer, pues predicó en la parroquia de Santiago el Arrabal, a la cual estuvo adscrita durante un tiempo la ermita del Cristo de la Vega, pero es solo una teoría sin poder asegurar si realmente se trata de este monje.

En el ábside podemos ver tres franjas con decoraciones de arcos de estilo mudéjar. En la más baja, una fila de tumidos sobre columnas, en la intermedia polilobulados entrelazados y en la superior el mismo modelo que en la franja inferior, pero con columnas de menor altura. Rematan el conjunto los restos de una

Columna de época visigoda

pintura mural con la imagen de un Pantocrátor, cuyo estado de conservación es lamentable. En la parte posterior del altar contemplamos otro, adornado en su parte baja con los escudos de san Ildefonso a la derecha y del cardenal y arzobispo Cañizares a la izquierda, lo que muestra que esta restauración fue llevada a cabo durante el pontificado del prelado (2002-2008). Ambos están ejecutados con baldosas. En el centro se levanta un Sagrario datado en el XIX con la representación de la Última Cena en el frente. Sobre él se encuentra la cabeza de la Dolorosa y el Cristo de la Vega. En el interior se divisan también dos estandartes con la imagen del Crucifijo en tonos rojos y bordados dorados acabados en borlones del mismo color. Cada uno de ellos reproduce un dibujo distinto en la decoración.

Lo cierto es que, si visitamos el lugar y estamos atentos a los detalles, logramos apreciar el transcurso del tiempo en este recinto. Influencias árabes, mampostería más austera, cuidados jardines e incluso algún elemento arqueológico. Podemos leer parte de la historia de la ciudad en sus elementos, en los nombres de los patrones representados en el Sagrado Corazón, en las tumbas ahora vacías de san Leocadia y san Ildefonso, o percibiendo el trabajo de artistas toledanos que han dejado su huella ahí.

Quizá no contamos con el privilegio del santero para deleitarnos con tan agradable entorno diariamente, pero sí podemos acudir cuando las puertas del lugar estén abiertas y nos lo permitan. Sobre todo, en los momentos posteriores a la Semana Santa, durante los primaverales revierñes donde podremos festejar en comunidad de todo lo que organiza su hermandad con gran cariño y esmero.

5

SANTA MARÍA DE LA CABEZA

Ermita de Santa María de la Cabeza

Ya hemos hablado en algún capítulo de la zona meridional de la ciudad, de especial riqueza natural, cultural e histórica. Aquí se encuentra parte de la senda del Tajo bajo el puente de San Martín, por donde se puede disfrutar de un agradable paseo mientras imaginamos cómo debió de ser la vida en épocas pasadas, la llegada de nuevos conquistadores, la pesca en la orilla del río, las celebraciones de festejos de índole religioso o pagano, etc. A un lado del curso fluvial, tenemos la ermita del Cristo de la Vega, y algo más adelante, en el otro extremo, la de San Jerónimo. Si recordamos lo indicado cuando mencionábamos esta última, se trata de un paraje con elementos naturales y repleto de cigarrales. En los alrededores de los más próximos al viaducto se encuentra otra capilla más, la de Santa María de la Cabeza, también con una cierta vinculación a estas viviendas de recreo.

Este tipo de santuarios se levantan especialmente a las afueras de la ciudad. Aunque Toledo ha crecido mucho a lo largo del tiempo, lo ha hecho en mayor medida en otras direcciones, creándose barrios modernos que comenzaron en la década de los 50 del siglo pasado, como Palomarejos o Santa Teresa, u otros aún más recientes, tales son los de Santa María de Benquerencia o Buenavista. Todos ellos, o en su mayoría, de escasa relevancia histórica, aunque hay que destacar la excepción de la importancia del circo romano y el yacimiento visigodo cercanos a la zona de la fábrica de armas, éste recientemente intervenido. En contraposición, los sectores situados en la zona sur no han aumentado tanto en tamaño y desarrollo y, por ende, se han mantenido más fieles a las tradiciones conservando en mayor medida su esencia de antaño. Esto ha permitido a los templos de este área permanecer aún aislados de la urbe, como es el caso de la que aquí nos atañe, y haya facilitado el mantenimiento de las construcciones primitivas.

Elevada sobre un cerro que mira a la ciudad y al Valle, encontramos la ermita de Santa María de la Cabeza con unas vistas privilegiadas. Como ocurre con otras similares, se tiene la idea de la existencia de un primer templo de época visigoda en este sitio, el cual no dejó de estar habitado durante la ocupación islámica. En este periodo vivía un grupo de monjes mozárabes que mantuvo activo el lugar y que siguió sus prácticas monásticas a pesar de las dificultades en el ejercicio del cristianismo en ese momento, pues implicaba el pago de impuestos y un mayor control por parte de las autoridades. Posteriormente, allá por el siglo XII, fue cedido a un grupo de frailes premonstratenses poco después de la fundación de la orden y recibió el nombre de Santa Coloma, haciendo alusión al nombre antiguo del lugar y cuya festividad era el 31 de diciembre.

145. TOLEDO.—Ermita de la Virgen de la Cabeza.

Ermita a comienzos del siglo XX. La ermita en 1864.
Foto Grafos. Fuente: blog Toledoolvidado

Si bien es cierto que hay diferentes teorías respecto al emplazamiento de este templo, podemos distinguir dos. La primera vendría a defender la existencia de este lugar de culto en el camino de Bargas, debido a la aparición de una escultura de un santo en 1583. La otra fundamenta, que lo más lógico es que el santuario estuviese ubicado donde se encuentra en la actualidad la ermita de Santa María de la Cabeza, pues aquí existen el valle y el arroyo denominados antiguamente Val de Coloma. Si analizamos ambas hipótesis, es bastante acertado dar mayor credibilidad a la segunda, pues la aparición de una figura de un santo, sin hacer referencia concreta a Santa Coloma ni a ningún otro beato, no permite apoyar con base la afirmación. Además, actualmente seguimos observando alguna alusión a este término en las proximidades de la ermita, siendo el caso del cigarral denominado Valdecoloma que claramente alude a la herencia de una época pasada.

El grupo monacal de los premonstratenses, moradores del lugar, se originó en los años veinte del 1100 de la mano de san Norberto, procedente de Alemania y emparentado con el emperador. Se trataba de un joven que disfrutaba de los placeres de la vida y que comenzó sus andanzas como clérigo tras ser protagonista de un suceso. Un rayo aterrizó a los pies de su caballo mientras iba montado en él, cayó al suelo y quedó inconsciente durante un largo rato. Cuando despertó, decidió cambiar su estilo de vida, regalar todos sus bienes, ir a un monasterio para hacer penitencia y acabar convirtiéndose en religioso. Una vez ordenado sacerdote fue mandado a evangelizar a la zona del valle de Prémontré, en el norte de Francia, de ahí el nombre de la orden que fundó.

Los premonstratenses seguían la regla de san Agustín, practicaban la vida en comunidad y se expandieron rápidamente por Europa llegando hasta la Península Ibérica. De los monasterios construidos por España, los más importantes quedaron en la mitad norte (Lleida, Valladolid, Burgos o Palencia), pero no por ello fueron los únicos, teniendo su sitio el erigido en Toledo. El momento en el que la antigua capilla visigoda fue traspasada al grupo monacal se llevó a cabo en 1152 gracias al arzobispo Raimundo, ocupante de la silla Primada en ese momento. Hubiese sido magnífico tener constancia del templo y que hubiesen sobrevivido algunas de sus estructuras y elementos, sin embargo, este terminó por desaparecer.

Con el tiempo, los monjes pasaron a vivir a la ciudad y el santuario se convierte en ermita, sucediendo este cambio en el siglo XVI. Según Parro, la datación fue a finales de esa centuria, Hurtado acota un poco más fechándolo algo antes de 1576. Pero si tenemos en cuenta que la transformación en ermita es propiciada por el cardenal Bernardo Sandoval y Rojas, me inclinaría a pensar que este hecho ocurrió más tarde de la década de los 70.

En 1596 es nombrado obispo de Jaén y tendrá ocasión de visitar Andújar, lugar del santuario matriz de Santa María de la Cabeza y donde recibirá algunas reliquias de san Eufrasio. Posteriormente, en 1599, preconizado arzobispo de Toledo, parece plausible pensar que decidiese levantar la ermita en honor a la advocación andujareña por influencia de su permanencia en la provincia jienense. Lo que sí parece claro es que Francisco de Pisa ya se refiere a ella en 1605 bajo la advocación de Nuestra Señora de la Cabeza de Andújar.

Interior de la capilla

se ha hecho alguna mejora, desde aspectos menores como la colocación de vallado o realización de un camarín nuevo, a obras de mayor envergadura, tal sea la dotación de dos aseos o la construcción de escaleras. La implicación en la conservación y mejora engloba a distintas entidades, siendo la hermandad la principal responsable, pero mostrándose también interesadas las autoridades locales en el mantenimiento de este espacio de índole no solo religioso, sino también natural e histórico.

La hermandad cambió de Junta Directiva en el 2021 y se han aprobado los nuevos estatutos en 2022 adecuándolos a la nueva normativa. Cuenta con unos 600 hermanos y el ingreso de nuevos miembros aumenta cada año. La cofradía no solo se preocupa por la basílica sino también por el mantenimiento del entorno. Participan en la replantación del cerro y buscan la participación de todos aquellos que deseen colaborar, de tal forma que el lugar se dé a conocer y sea apreciado por los visitantes.

Se creó además en 2024 el himno a Santa María de la Cabeza. Fue inaugurado en el templete del parque de la Vega en junio de ese mismo año. El encargado de la música fue Celio Crespo Esparza, director de la unidad de música de la Academia de Infantería de Toledo, y la letra ha sido creada por Lourdes Quiles Serrano, profesora y licenciada de filología hispánica.

En cuanto a la romería, inicialmente se realizaba el domingo inmediato al de Cuasimodo. No obstante, según recoge Román Hernández en su escrito *Romerías de Toledo*, en el siglo XIX se celebraba el tercer domingo después de Resurrección, hecho que no coincidiría con la fecha inicial. Lo cierto es que no tiene un día fijo establecido. Si buscamos información, lo más probable es encontrar señalado el último fin de semana de abril. Con todo, no siempre sucede así, pues puede variar según el calendario litúrgico. El hermano mayor de la cofradía hace constar, además, la necesidad de mover en ocasiones el festejo por la cercanía con otras romerías de la zona como la del Valle, de tal manera que queden más espaciadas y no resulte abrumador para los que deseen acudir a ambas.

Se trata de una fiesta sencilla precedida de un triduo y en cuyas fechas se realiza la imposición de medallas a los nuevos cofrades. El día grande se efectúa una misa matutina y por la tarde se procesiona la imagen engalanada con un manto sobre unas andas decorado con flores frescas y portada por los hermanos adornados con sus medallas.

La talla representa a María Madre de Dios y el Niño en brazos, bajo sus pies aparece el pastor vidente protagonista del milagro de Andújar junto con sus ovejas mirándola con devoción y una pequeña representación de la iglesia. Durante el recorrido, la banda de música acompaña la comitiva siguiendo a la protagonista de la efeméride. En esta jornada, la cofradía invita a los asistentes a migas y limonada y en los alrededores se coloca algún puesto de venta de dulces o juguetes.

La procesión descrita por Román Hernández difiere en algunos aspectos de la actual como es lógico, pues han pasado cerca de doscientos años entre unos festejos y otros. De igual modo, también observamos similitudes que se mantienen. Recoge que la celebración comienza en la víspera a mediodía con el toque de campanas y el sonido de cohetes como señal de punto de partida. Los romeros levantan hogueras por la colina y se colocan luminarias en honor a la Virgen en alguno de los cigarrales situados en las proximidades. Durante la celebración, además de cohetes, la banda de música ameniza a los asistentes y en los alrededores se sitúan tenderetes de golosinas y se realizan rifas de objetos ofrecidos a la Virgen por los devotos. La Santa Madre de Dios es paseada por los cofrades, en su mayoría son cigarraleros, y durante la procesión se bendicen estos lugares llegando hasta el puente.

Como podemos comprobar, la celebración se ha vuelto más austera, pero no por ello se ha perdido la devoción de los asistentes y creyentes, de hecho, en la cofradía, los integrantes ya no son solo vecinos próximos a la ermita sino que el perfil ahora es mucho más amplio. Hay personas de distinta procedencia tanto respecto a profesiones como a ubicación geográfica, pues muchos de los hermanos pertenecen a pueblos próximos a la capital.

Otra de las tradiciones que tenía lugar, pero ya desaparecida, era el traslado de exvotos hasta el santuario. Concretamente, consistían en cabezas realizadas en cera llevadas a la Virgen para pedir por su curación o en ofrenda por haber sido curado. Este elemento lo vemos repetido en la ermita de la Bastida, aunque en este caso sin concretar la parte del cuerpo que querían sanar.

Tal es la fe y la implicación de la comunidad, que en los últimos años están efectuando peregrinaciones anuales a la ermita matriz de Andújar para visitar el lugar de aparición de la Virgen y están realizando itinerancias con la imagen a pueblos como Bargas, Olías del Rey o Villaseca de la Sagra para dar a conocerla.

No son las únicas celebraciones preparadas, pues con motivo del VIII centenario del comienzo de la construcción de la catedral de Toledo, están dando forma a un proyecto con la ermita matriz y todas las filiales españolas para conmemorar este suceso. La idea contempla que con tal efeméride las vírgenes de estos santuarios acudan a Toledo y se realicen actos simultáneos. En el caso de esta idea es aún un proyecto, sin embargo, hay otros que ya han visto la luz, como son las rutas «Entre ermitas», iniciada por la cofradía de Santa María de la Cabeza. Con ellas se pretende dar a conocer el entorno natural del Tajo, la senda y los elementos paisajísticos del entorno de la ciudad, culminando el recorrido con alguna de las ermitas del área meridional. Concretamente son seis las visitadas: Nuestra Señora del Valle, San Jerónimo, El Santo Ángel Custodio, el Cristo de la Vega, la Bastida y, por supuesto, Santa María de la Cabeza. Todas estas rutas terminan en este último templo al ser su propia hermandad la promotora de la idea, dando a los asistentes un refrigerio para reponer fuerzas tras el interesante y didáctico recorrido.

Se pretende llevar a cabo estas rutas haciéndolas coincidir con los días previos a la romería de cada una de ellas, con la finalidad de dar a conocer estos lugares de culto y el paraje colindante. De tal forma que, si los asistentes acuden posteriormente a las celebraciones, puedan disfrutar aún más del lugar, conociendo su historia y sus costumbres.

La ermita de Santa María de la Cabeza tiene calidad de parroquia y depende de San Juan de los Reyes, al igual que las demás extramuros. En ella se dicen misa todos los domingos y festivos y es un padre de San Juan quien la oficia.

En fin, se trata de una de las ermitas más conocidas de Toledo y gracias a su actividad semanal permite asistir a la Eucaristía o disfrutar de la romería el día que tiene lugar. De igual forma, se puede acudir simplemente a disfrutar del entorno, pues gracias a la existencia de este templo, la zona está habilitada para el acceso. Cuenta con una serie de escalinatas y rampas y un murete rodeando el centro y desde el cual podemos disfrutar de unas maravillosas vistas panorámicas a Toledo que entremezclan naturaleza e historia. Sin lugar a dudas, forma parte de una de las vistas más bonitas de la ciudad, pues desde ahí se divisan los elementos más emblemáticos y los parajes naturales más llamativos como son el Valle y el majestuoso Tajo.

6

LA BASTIDA

Ermita de la Bastida

Encontramos un cerro mirando, distante y próximo a la vez, a la hermosa ciudad de Toledo. Entre altos pinos que sombrean el terreno, subterráneos creadores de fuentes, senderos de tierra y sonidos de paz, se levanta la ermita de la Bastida, una de las más conocidas en la urbe. Aparece escondida en la parte más alta, protegida por la arboleda extendida a su alrededor, austera, con un toque campestre y con mucha tradición. Distintos espacios, diferentes momentos acaecidos y una historia que nos cuenta y muestra la evolución de este espacio.

No queda clara la cronología exacta de su construcción, aunque sí sabemos que coincide con la llegada de la orden franciscana a Toledo cuando se erige un santuario para ellos en la zona denominada la Bastida. Según escribió Pedro de Alcocer en la centuria del XVI, en 1210 es cuando ocurre este hecho; en el caso de Sixto Ramón Parro, autor del XIX, defiende que este suceso tuvo lugar en 1230; para el Vizconde de Palazuelos, en su *Toledo: guía artístico-práctica* sólo indica para sus inicios las siglos XIII o XIV, sin especificar mucho más; y para Román Hernández, del mismo periodo histórico que los dos anteriores, en el libro *Toledo y sus romerías* señala como fecha de su edificación los tiempos de san Fernando, lo que correspondería también a principios del XIII. Si hablamos de autores más actuales, el padre Antolín Abad Pérez, en su obra *San Juan de los Reyes en la Historia, la Literatura y el Arte*, de 1976, recoge este hecho en 1219.

Todo ello nos llevaría a pensar que, aunque no sepamos el año exacto de su erección, sí podemos señalar como momento la primera mitad del siglo XIII. Sin embargo, Julio Porres, plantea otra teoría de fechas bastante alejadas. Se basa en el testamento de doña Guiomar de Meneses, benefactora del hospital de la Misericordia, la cual deja en su donación fechada en 1459, la cesión de un terreno con propiedades en la Bastida a la orden franciscana, con la condición de la «torreasen e poblasen». Dispone igualmente que si los monjes deciden vender la tierra, les sea retirada dicha cesión y se la den a otra orden de frailes para habitarla.

Ahora bien, es cierto que hay más autores inclinados a unos inicios más tempranos, en torno al siglo XIII, pero también que las fuentes utilizadas por ellos son bastante desconocidas, sin embargo, la planteada por Porres tiene una base más sólida al tratarse de un documento notarial y, por lo tanto, de mayor credibilidad.

De cualquier manera, la vida de los cenobitas en este emplazamiento no se mantiene en el tiempo, pues unos malhechores provocan un incendio y esto les obliga a trasladarse, ilesos, al actual convento de las monjas de la Concepción. La edificación de este templo se asocia a un milagro favorecido por los propios monjes.

Yendo dos de ellos a pedir limosna dentro de la ciudad, se encontraron con unos nobles situados en una gran plaza viendo correr un toro, uno de ellos les dijo que, si conseguían domarlo, les regalarían no sólo el animal sino también la plaza. Uno de los clérigos se encomendó a Dios, tomó a la res por los cuernos y la apaciguó, ante lo cual los señores cumplieron con su palabra. De igual manera, contribuyeron con limosnas para la construcción del monasterio de la Concepción erigido posteriormente ahí. Pasó a ser su nueva

Cueva de la beata Mariana

morada hasta 1477 aproximadamente (la fecha exacta varía según las fuentes), momento del traslado a San Juan de los Reyes. Se sabe con certeza que en 1486, cuando Cisneros llega a San Juan de los Reyes, algunos ordenados ya se encontraban allí.

Pero volviendo al cenobio de la Bastida, se sospecha que en los primeros años de su creación, el convento estaba dedicado a san Antonio, y esta alusión al santo se sigue manteniendo hasta nuestros días. Muestra de ello es la imagen del santo colocada en el edificio, dentro de una de las hornacinas adosadas al muro. Esta talla es de gran modernidad, pues no corresponde con la existente en 1947 en el mismo sitio. La actual es de poca importancia artística. Se trata de una de las esculturas denominadas de Olot, reproducciones en serie que se hacían en el taller gerundense. La figura aparece representada con un sayal con capucha, en sus brazos se encuentra el niño Jesús apoyado sobre un libro y sujeto bajo el brazo derecho un lirio blanco.

La ermita ha sufrido reformas a lo largo del tiempo. A mediados del XVI se lleva a cabo una reedificación y pasa a llamarse Nuestra Señora de la Bastida, pero aún sin cofradía asociada a ella. Seguramente se crease con posterioridad para dar culto a la correspondiente representación de la Virgen. En 1609 ya sí tenemos constancia de su existencia, pues así figura en una bula concedida por el Papa Paulo V que recoge lo siguiente: «Existiendo, pues, según hemos entendido en la Iglesia de la B. V. María, llamada de la Bastida, cerca y extramuros de la ciudad de Toledo, una piadosa Cofradía de fieles de Cristo de uno y otro sexo, bajo la advocación de la B. V. María, instituida canónicamente para alabanza de Dios».

Es, además, en esta centuria cuando se desarrolla una ferviente devoción, los enfermos llevan partes del cuerpo asociados a sus dolencias (manos, pies, brazos, orejas...) elaborados con distintos materiales que iban desde la cera a la plata, en función de la capacidad económica del solicitante. La gran fe y creencia de los fieles daban lugar a milagros de curación relacionados con la intercesión divina. Es asimismo en el mismo periodo cuando la beata Mariana ocupa este espacio y muestra un profundo fervor, aunque de ella hablaremos más adelante.

La implicación de los creyentes ha llevado no sólo a reformas en el edificio, sino a la preocupación por la protección de sus imágenes. Generalmente cuando había algún peligro sobre la ermita, las figuras eran trasladadas a la parroquia de San Martín o al monasterio de San Juan de los Reyes, aunque en algunas ocasiones fueron recogidas en otros recintos. Ejemplo de ello es el hecho acontecido en 1770, cuando la imagen de María se llevó a la iglesia del Tránsito porque San Juan de los Reyes se había incendiado y el edificio estaba siendo reformado. En muchas ocasiones, la necesidad de protección de estos objetos ha estado vinculada a problemas sociales, políticos y conflictos de distinta índole. Durante la Guerra de la Independencia, los franceses atacaron varios centros de culto de la ciudad de Toledo, como ya hemos descrito en otra parte. Uno de ellos fue la Bastida, provocando daños en ella, por esta razón la talla de la Madre de Dios

Parte trasera del edificio

es trasladada en 1809 a la iglesia de San Martín, creyendo que allí estaría más protegida. Con el mismo ardor de los galos al atacar el santuario, los fieles acuerdan su reparación en 1815, una vez pasados los momentos de peligro y cuando consideran seguro el sitio. La reforma dura dos años y en 1817 la efigie retorna a su centro de origen en una aclamada procesión.

Si avanzamos más en el tiempo, podemos referirnos a otro hecho bélico más próximo, la Guerra Civil española (1936-1939), el templo y sus imágenes vuelven a estar en riesgo. Parte de ellas son destruidas, así como la mayoría de la documentación existente sobre él y que recogían su historia. Una de las esculturas desaparecidas es la de la Virgen. Con motivo de este suceso, se aprueba la compra de una nueva, así como una reforma del edificio en los años 40 del siglo pasado sufragada con las aportaciones de los devotos. El encargo se hace al afamado pintor y escultor urdeño Cecilio Mariano Guerrero Malagón, a imitación de la anterior, y los gastos son cubiertos por el Hermano Mayor Sebastián Rodríguez. Según las fuentes consultadas, la cronología de este encargo varía entre 1941 y 1947. En la petición hecha al artista, se le solicita representar a la esposa de José con la piel oscura, sin darse cuenta de que la razón de ese tono se debía al humo de las velas y los aceites aplicados a la representación y por considerarse que así quedaba más bonita, pero en ningún caso por tratarse del tono natural en sus inicios. Utiliza como modelo para la cara a su esposa y, confiesa años después, que fue el niño Jesús el más difícil de realizar por su pequeño tamaño. En 1993, durante una visita del escultor y su familia para ver la talla, observan varios desperfectos, y es el propio hijo de Cecilio, Mariano, quien se ofrece para su restauración, siendo esta devuelta totalmente renovada.

Otro objeto digno de mención es la Santa Cruz, pues es un componente relevante en el recinto debido a que sale en procesión cada año acompañando a la Madre de Jesús. Muestra de este valor es el propio nombre de la cofradía, denominada Hermandad de Nuestra Señora de la Virgen de la Bastida y de la Santa Cruz. En el caso de este elemento cabe destacar su existencia desde antes de la guerra, mas no formaba parte en los inicios del templo, dado que es herencia de la iglesia de San Martín tras su desaparición. Quizá estas sean las representaciones más destacadas del santuario, sin embargo, hay alguna más distribuida por sus paredes como es la escultura de San José y el Niño y el Sagrado Corazón a derecha e izquierda respectivamente del presbiterio.

La talla no sólo ha salido de la capilla para sus procesiones habituales o cuando estaba en peligro, sino también para otros actos relacionados con festividades y eventos. Ejemplo de ello es la celebración del Año Mariano en 1954, en el que se congregaron todas las Vírgenes de la capital y su provincia en procesión, o la acaecida por el mismo motivo en 1988, permitiendo a las imágenes de tres de las ermitas más emblemáticas de Toledo: la Bastida, el Valle y Santa María de la Cabeza, juntarse para ser veneradas en la parroquia de San Juan de los Reyes. Se trató de una celebración muy emotiva, tanto para las distintas cofradías como

Maqueta de la ermita

para todos los ciudadanos asistentes a este especial evento. Otro hito destacable era la visita de la Virgen al campamento militar llamado Nuestra Señora de la Bastida, asentado en el cerro de los Palos, que sucedía cada año. El paraje no se encontraba muy retirado de donde se ubica el santuario, alejado de la ciudad y en un entorno natural. En esta efeméride los soldados juraban bandera, se celebraba una misa de campaña y finalmente la Madre de Dios era devuelta a su sede de origen.

Para acceder al cenobio debemos discurrir por una sinuosa carretera, penetrar en la montaña por una pequeña entrada y acceder a los senderos. Caminando durante unos pocos minutos, divisamos en la parte más alta y entre el follaje, el templo. Lo primero que vemos es una puerta de entrada al recinto con una placa formada por azulejos en tonos azules, blancos y amarillos con el rótulo «Ermita Ntra. Sra. de la Bastida», obra del ceramista Sanguino, dando la bienvenida al patio y a los diferentes habitáculos distribuidos a su alrededor. En el interior observamos un espacio abierto donde destaca el acceso a la capilla, pero también cuenta con otras zonas como la cueva de la beata Mariana, los baños, la casa del santero y los espacios para atender al público el día de la fiesta grande, cuando se sirven distintas comidas y bebidas. En el centro encontramos un moral, árbol centenario de cuyo fruto su obtiene un zumo considerado remedio curativo contra los dolores de boca. Quizá este remedio medicinal esté asociado o haya evolucionado a la creencia extendida de qué el dolor de muelas se soluciona al coger un trozo de roca de la cueva donde la beata iba a realizar sus oraciones. Esta idea ha propiciado durante años la sustracción de fragmentos del subterráneo por parte de los visitantes con el fin de recibir esos poderes de sanación.

La mencionada Mariana es una de las personas más arraigadas al lugar que se conoce, pues vivió en ella durante treinta y ocho años. Tras enviudar dos veces y habiendo dado muestra de gran fe desde su niñez por san Francisco, decide entrar como religiosa en la orden tercera. Llevaba una vida muy austera y sufrida, realizándose autocastigos como la flagelación, la humillación, baños fríos en invierno, arrojarse cera caliente en su piel o recubrir su cuerpo con cadenas de gran peso que llegaban a generarle heridas y a cansarla por el peso, todo ello como método para controlar los pecados de su mente y los pensamientos impuros. Con ello buscaba alejarse de los placeres terrenales y mostrar una entrega a Dios como mártir, además de prestando ayuda a los más necesitados. Tal fue su dedicación que se convirtió en una mujer venerada por la orden y por las personas coetáneas a ella, quienes le asignaron varios milagros tanto en vida como después de ella. Se narra como con sus manos hizo que una embarazada con un niño muerto en el vientre volviese a la vida tras posarlas sobre ella o como convirtió la imagen de una Virgen caracterizada por su fealdad en una figura bella. De igual forma se le atribuye la sanación de un hombre enfermo de garrotillo a

Nuestra Señora de la Bastida

punto de fallecer. Tras su muerte se la relaciona con otros hechos. Varias personas pudieron sanar de enfermedades tomando eslabones de las cadenas utilizadas por ella para ponerse alrededor de su cuerpo o con fragmentos de sus ropajes usados como amuletos curativos.

No es la única protagonista a que se dota de poderes sanadores, pues también se tiene una gran fe en la intercesión del Niño Jesús. Es digno de mencionar como hecho anecdótico la desaparición acaecida hace unos años del infante, el cual dejó de estar durante un tiempo en los brazos de su madre. La ferviente devoción de uno de los visitantes le llevó a tomar a la criatura, suponemos que para utilizarlo como ayuda para la cura de algún mal. Tras ser solicitada su reposición, y después de un periodo prudente para utilizar los poderes de la efigie, el usurpador la devolvió a su lugar. Lo más probable es que el feligrés responsable de este acto no supiese de la existencia de otra imagen similar prestada para estos menesteres a quien así lo requiriese.

En cuanto a la ermita en sí y su estilo arquitectónico, presenta planta rectangular rematada en un ábside realizado en piedra y ladrillo encalado en blanco por la parte baja. Asimismo, cuenta con una espadaña con doble campana coronando el otro extremo del edificio. En uno de los muros laterales se puede ver una cruz bajo techumbre rematando la puerta de madera, por la que es sacado el paso el día de su procesión. En cuanto a la entrada principal, da al patio y en su lateral derecho aparecen colocadas dos placas, una de ellas en alusión a una restauración llevada a cabo por la escuela taller de restauración de Toledo en 1993 y la otra en recuerdo de Antonio Ibáñez Espinosa, hermano de la cofradía de la Bastida con fecha 17-1-17.

Adentrándonos ya en el interior, observamos un santuario de una sola nave con escasa riqueza ornamental, a excepción de la lámpara de forja que corona el templo y la zona del ábside del altar mayor. Aparece decorado con una hermosa cúpula engalanada con ángeles y motivos florales, y bajo ella se encuentra el retablo. Encuadrado con dos columnas a los lados, presenta ornato en dorado y está rematado por una imagen de la beata Mariana

Interior de la capilla

en su lecho de muerte. En la parte central, sobre una cristalera, está el Sagrado Corazón de Jesús con enorme sencillez, que contrarresta con el resto del conjunto. A ambos lados del ábside podemos contemplar dos pinturas religiosas, la de la derecha muestra a santa Lucía, con los ojos en un plato y en el lado izquierdo a santa Catalina con corona, llevando la espada en una mano y una hoja de palma en la otra. En cuanto al resto de la capilla destaca la simplicidad, paredes blancas, suelo de baldosas blancas y negras, un humilde coro y el Vía Crucis recorriendo el muro. Sobre la puerta trasera, una pintura de la Virgen y el Niño, probablemente del siglo XVII o principios del XVIII por el estilo artístico que presenta, y semejante al utilizado por alguna de las escuelas de este periodo. María aparece representada sobre una peana llevando un monumental faldón con forma piramidal y remarcando el conjunto están pintadas unas cortinas en tono granate. No puedo evitar rememorar ante esta imagen la Virgen de Atocha, de Carreño de Miranda, pues muestran enormes similitudes. A los pies se encuentra una maqueta realizada por Mariano Guerrero Corrales. Esta pieza fue realizada con motivo de un Belén expuesto en el santuario de la Estrella en el que se recreaban las distintas ermitas de Toledo. Tras finalizar la exposición, los modelos fueron regalados a los diferentes cenobios, de esta manera podemos ver, no solo esta de la Bastida, sino también otras como la de la ermita del Valle o La Guía.

Siguiendo con la descripción del recinto, hay que destacar el púlpito, ahora sin acceso, datado en 1714, indicativo de algún tipo de intervención en el edificio en esta fecha, y donde el celebrante de la misa subía para predicar el Evangelio. Además, aparecen algunas unidades de forja utilizadas como maceteros de escasa relevancia. Se trata de objetos de reciente creación a nombre de la empresa Iván Tendero Pérez de Albarreal de Tajo.

La ermita de la Bastida, como todas sus homónimas, tiene su día de conmemoración en alabanza a la Virgen. El segundo domingo de mayo es cuando se celebra la romería, momento en el que cristianos y visitantes son bien recibidos por María para su procesión a través de los senderos de la Bastida. Antiguamente, dada la distancia del centro urbano, muchos hombres asistían al evento montados en sus caballos, pues poseer este tipo de animales era algo habitual, empleándolos tanto en el trabajo agrícola o como medio de transporte. En la actualidad, la llegada al paraje es mucho más sencilla y cómoda, en vehículos motorizados, aunque hay quien opta por acudir andando en peregrinación. A pesar de que la romería es el domingo, la fiesta se alarga durante todo el fin de semana, comenzando el sábado con la misa por los hermanos difuntos y seguido del canto de la salve. A continuación, se invita a todos los asistentes a limonada, chocolate y las típicas migas manchegas, dando comienzo así a los festejos y preparando a los asistentes para el gran día. El domingo, la Venerada Advocación reemplaza sus ropajes por las mejores galas, luciendo un hermoso manto bordado en oro que es colocado con gran alegría por sus devotas. El altar mayor y el trono donde descansa también se engalanan con flores para embellecer aún más la imagen. Por

Día de la romería

la mañana, la jornada comienza con la Eucaristía y después se sirve un aperitivo a los concurrentes. Por la tarde se realiza la procesión, los hermanos cargan la talla en sus hombros y pasean por todo el cerro. En los últimos años la cofradía no cuenta con portadores preparados para transportarla, por lo que ha sido necesario pedir colaboración a otra hermandad, concretamente la de Nuestra Señora del Amparo, quien dispone de miembros formados en este menester y ayudan gustosamente en el acto. Durante el recorrido se va rezando el Santo Rosario acompañado por la orquesta para marcar el paso.

La música siempre ha sido un elemento importante en esta romería, en tiempos pasados los romeros acampaban en el terreno y amenizaban el momento con cantares, flautas y guitarras, como así lo recoge Román Hernández en su obra de 1889 *Romerías de Toledo*. Quizá la dificultad de acudir a la Bastida hacía que se mantuviesen en el lugar con sus tiendas de campaña para alargar la celebración. Hoy día esta costumbre se ha perdido, sin embargo, la música sigue presente durante la jornada. Al final del evento se reparte limonada en el patio y se puede adquirir alguna de las roscas típicas puestas a la venta. Por otro lado, durante este fin de semana se celebran rifas y quínolas. En este pasatiempo con naipes, los jugadores que hacen coincidir su carta con una de la baraja es recompensado generalmente con una rosca o un objeto de cerámica a elección del mismo. Hace años el premio era el bizcocho llamado como el propio nombre del juego, pero al igual que en otras romerías esto ha terminado por desaparecer. Con ello se pretende amenizar los festejos y conseguir fondos para sustentar a la cofradía y su labor en el recinto. Los ingresos recibidos durante el año son poco numerosos, limitándose a las aportaciones realizadas por los hermanos, a las limosnas de los fieles y al dinero obtenido durante la víspera y el día de la romería.

Otra de las tradiciones que se llevaban a cabo allá por la segunda mitad del siglo pasado, pero ya desaparecida, era la puja de donaciones por parte de los feligreses. Entregaban elementos en especies, ya fuesen pollos, verduras, quesos… o artesanía colocados a los pies de la Madre de Dios para sortearlos después de la

Juego de quínolas

celebración. Esto suponía también un apoyo a los fondos de la hermandad.

La Cofradía de Nuestra Señora de la Bastida y de la Santa Cruz es un componente clave en la celebración y en el mantenimiento del edificio, por eso cada año a sus integrantes se les obsequia con un presente, el cual se ha ido modificando con el tiempo. Hace unos años consistía en un panecillo con anisillos (denominado «bajito») y queso, donado por una de las Esclavas de la Virgen y hoy día se trata de una rosca, pudiendo recogerla durante todo el fin de semana de la romería. El sentimiento de pertenencia al grupo de los cofrades es notable, muestra de ello son los numerosos casos de hermanos fallecidos, cuyas familias deciden mantenerlos como numerarios, algo que ya hemos visto en otras hermandades diferentes.

Hablar de la Bastida no es solo hablar de la ermita sino del paraje, un entorno natural plagado de senderos y naturaleza. No puedo evitar pensar y evocar cómo debió ser este rincón en los inicios de la construcción del templo, rodeado de encinas, en una zona boscosa y alejado de la civilización. Imaginar los alrededores llenos de caminos de tierra, gente desplazándose a pie y los únicos transportes arrastrados por algún animal de carga. Un sitio retirado que invitaría a la meditación y a la vida contemplativa. No es por ello de extrañar la elección de este lugar para la erección del santuario.

Actualmente sigue siendo un espacio para pasear, de desconexión, de contacto con la naturaleza y con uno mismo. Aunque a veces las personas acuden buscando todo lo contrario, pasar el rato en el llamado parque de la Bastida o tomando algo en su merendero, tan apetecible en los meses estivales, acompañado de amigos o familiares. Por tanto, es un área campestre para ser explorada por cualquiera con ganas de disfrutar de unas u otras sensaciones y con deseos de descubrir o profundizar en otro rincón de Toledo, ya sea solo o en compañía.

7

SANTO ÁNGEL CUSTODIO

Cigarral del Ángel con la ermita al fondo

Toledo es una ciudad con una historia muy rica y extensa, lo que la ha convertido en Patrimonio de la Humanidad desde 1984. Su ocupación se remonta a épocas tan antiguas que ha generado el desconocimiento de muchos de los espacios habitados en el pasado. Tampoco sabemos si hubo zonas de relevancia ajenas a nuestro conocimiento o hasta qué punto son verídicas ciertas fuentes de arcaica procedencia. Sin embargo, podemos afirmar, pues así se ha podido constatar en innumerables ocasiones, que cuando hay una referencia o historia asociada a un terreno, suele tener algo de verídico. En este capítulo vamos a hablar de la ermita del Santo Ángel Custodio, pero para ello es imprescindible hacer mención al cigarral donde se encuentra.

Ubicado a una distancia de un cuarto de legua desde el puente de San Martín, según Martín Gamero, o a dos kilómetros de la ciudad en la zona de la Olivilla para Felipe Ramiro y Benito en su *Tesoro de Toledo*, se trata, en opinión común, del más antiguo de Toledo y, sin duda, de uno de los más hermosos y conocidos con una situación privilegiada junto a la misma orilla del río Tajo.

Gamero, en *Los cigarrales de Toledo*, llega a referirse a él de la siguiente manera: «No pecaríamos de exagerados si afirmásemos que este punto, después de las Huertas del Rey, es uno de los que ofrecen mayor recreación a los márgenes del Tajo, el cual discurre por él mansamente entre pobladísimas alamedas, estrechando con amorosos abrazos algunas islas que en medio de la corriente se han ido formando». Este cauce fluvial ha sido imprescindible para el desarrollo de la vida en sus alrededores y por ello no es de extrañar la elección de este emplazamiento como zona de construcción.

La primera constancia de un edificio levantado en este área es la de uno de carácter público durante la dominación romana, una palestra. En ella se practicaban diferentes deportes, destacando de manera especial las luchas. Tras la ocupación latina, los visigodos llegan a Toledo, creando aquí su capital y en este momento se producen diferentes conflictos internos. Uno de ellos es el surgido entre Atanagildo (apoyado por Justiniano) y Agila, estando enfrentados en una ardua guerra civil entre el 552 y el 555. Durante este periodo, en el 554, parece ser que Atanagildo levanta un monasterio en la zona donde ahora se ubica el Ángel, aunque no podemos precisar si era exactamente en este mismo espacio, ya que algunos autores como Ramón Gonzálvez lo sitúan en la Peraleda, a poca distancia.

No se han encontrado restos para confirmar su estilo constructivo, pero teniendo en cuenta su realización durante un periodo bélico, podemos imaginar que no sería de especial riqueza. Este beaterio fue llamado Agaliense, por el nombre del valle de Agalén.

La Virgen y el Niño

Partiendo de estos dos primeros usos como recinto deportivo y conventual, y al tratarse de un sector tan alejado a lo conocido actualmente como Toledo, creo necesaria hacer una reflexión. En el caso de la existencia de la palestra romana, deberíamos suponer su integración en la ciudad o estar muy próxima a ella, si no parecería extraño pensar en la localización de un lugar de ocio tan alejado de la urbe. Y respecto al templo visigodo, también resulta llamativo su construcción en pleno conflicto y más cuando el rey godo Atanagildo aún no lo era por plenos poderes, ocurriendo esto en el 555.

Parece ser que este primer santuario lo ocuparon figuras importantes como san Eladio o san Ildefonso. Según cuenta la leyenda sobre la aparición de santa Leocadia, el patrón de Toledo marcha a Sevilla para perfeccionar su formación y doctrina, a su vuelta empieza a menospreciar las cosas terrenales y decide tomar el hábito en este monasterio de Agalia, pese a las reticencias de su padre.

Tras la monarquía visigoda, Hispania fue conquistada por los musulmanes, comenzando esta primera incursión en el 711 y llegando a Toledo poco después. Con el cambio de gobernantes, de cultura, de religión, etc., la zona y sus edificios vuelven a modificar su uso. Durante estos siglos se dice que hubo una casa de placer de los reyes árabes, aunque también cabe admitir la teoría de la construcción de un palacio estival para Abdallah ben Abde-l-Lazis en el siglo X. Queda en duda si esta anteriormente nombrada residencia de placer existió o fueron los propios cronistas cristianos quienes decidieron bautizar el palacio musulmán como recinto de pecado. Narra una leyenda conocida bajo el nombre *Pesca del oro*, que allá por el año 1000 el gobernador, o rey sarraceno para algunos, iba a desposarse con doña Teresa, la hermana del rey de León Alfonso V. En primera instancia, el dirigente acude con su comitiva a Olías del Rey en busca de la novia y ahí intercambian regalos entre cristianos y musulmanes. Tras esto marchan al palacio y realizan un festejo disfrutando de una lujosa comida. Abdallah ben Abde-l-Lazis, tratando de cautivar a sus invitados, pide colocar una vajilla de plata y unos vasos con bordes de oro para la pitanza, y tras finalizar cada uno de los platos estos eran arrojados al río. Se cuenta que al concluir la velada aparecieron varias barcas con redes colocadas previamente bajo el agua para evitar que todos esos enseres de valor fueran llevados por la corriente y pudieron ser recuperados. Este espectáculo gustó mucho a los cristianos, quienes quedaron contentos y mejoraron la opinión del anfitrión, pues además estas piezas valiosas fueron repartidas entre los presentes.

Ángel Custodio

Tras la reconquista de Toledo en 1085, hay un periodo de unas cuatro centurias en las que desconocemos qué ocurrió o qué uso tuvo el recinto. Sí se sabe que en el siglo XV el marqués de Villena toma en propiedad el paraje, pudiendo considerarlo ya con el apelativo «cigarral» y entendiéndolo como casa de recreo alejada de la ciudad donde poder disfrutar de la naturaleza y la desconexión de la vida diaria.

Durante este periodo, posiblemente fue sitio de ocio en determinadas ocasiones para la corte de Juan II, monarca responsable de la concesión del título de su marquesado, siendo invitado por el anfitrión. Se mantiene bajo la posesión de Villena y de su familia hasta que aproximadamente una centuria después pasa a manos del cardenal y arzobispo de Toledo Bernardo de Sandoval y Rojas, en un primer momento para uso particular y de disfrute. Mientras fue propiedad suya se convirtió en un centro de encuentro para literatos de renombre como Tirso de Molina o

Lope de Vega. En esta misma época, el cronista e historiador Luis Hurtado de Toledo muestra su interés por la erección de una ermita con advocación angelical unida a una casa de descanso para sacerdotes ancianos. Este sueño no se lleva a cabo como tal, pero tiempo después de haber adquirido la propiedad, el cardenal decide ceder la parcela a un grupo de monjes capuchinos, traídos previamente por él a Toledo, llevado por su gran devoción. Estos frailes, una rama de los franciscanos surgida en 1528 y caracterizada por someterse a una regla más estricta, se establecerán en este lugar al llegar a la ciudad Imperial.

El convento se funda en 1611 y la primera misa es celebrada el día segundo de Pascua de Pentecostés de ese mismo año. Aunque esta es la fecha de sus orígenes, los distintos espacios se van levantando en los años posteriores con enorme rapidez. El cigarral existente se va adaptando a los nuevos usos, en 1612 se levanta la cerca exterior y en 1620 empieza a tomar forma la enfermería. No es hasta 1631 cuando se construye la capilla bajo la advocación del Ángel Custodio, en este aspecto sí a gusto de Hurtado de Toledo. El encargo de esta obra se hace al destacado arquitecto y escultor Juan Bautista Monegro, artista de renombre, protagonista no solo de construcciones toledanas sino de otros recintos tan importantes como El Escorial. No es de extrañar que tratándose de un profesional reconocido, y dada su especialización en arquitectura religiosa, fuese elegido para este menester.

Respecto a la advocación de la ermita, debemos señalar que cuando hacemos referencia a este ser angelical, nos referimos a un personaje religioso, no solo cristiano, pues se encuentra en otras religiones. Protector, guía y guardián de las personas, en especial durante su vida en la Tierra. Es conocido también con el apelativo de Ángel de la Guarda, quizá más común y empleado de manera popular. Entendemos por tanto que, con este primer nombramiento de la capilla, se buscaba una cierta protección a esta rama de la orden franciscana, poniéndola bajo su tutela.

Como ya mencionábamos, los capuchinos siguen una regla más rígida en comparación con otros grupos religiosos. Además, se trata de una orden mendicante, esto implica la práctica de una vida mucho más austera, pues viven de las limosnas. Si partimos de esta base, es lógico pensar que, aunque a su llegada estuviesen ubicados a las afueras de la urbe, su interés fuese más orientado a vivir dentro de sus muros, pues al haber mayor número de personas es más fácil conseguir esas donaciones altruistas para vivir. Por este motivo, los clérigos consiguen durante el mandato del cardenal Baltasar Moscoso y Sandoval, a mediados del siglo XVII, la cesión de unos terrenos y tras esta nueva

Detalle de la escultura de San Miguel

posesión, deciden vender los suyos. El nuevo emplazamiento es una iglesia dedicada a Santa Leocadia, situada en el lado sur del Alcázar.

Se indica que en la misma ubicación del santuario de origen visigodo se encontraba la antigua cárcel donde pasó sus últimos días, siendo este el motivo de la advocación de la capilla. El hecho de estar prácticamente sin culto, mantenimiento e ingresos facilitó la cesión del espacio. Ante este cambio, el edificio es derruido y en su sustitución se construye un convento de pequeñas dimensiones, pero suficiente para esta orden tan sobria. Ocuparon este recinto hasta los inicios del XIX. Con la desamortización, el convento es expropiado y sus ocupantes son enviados a las localidades de Calzada de Calatrava y Los Navalmorales, sin volver ya a su antiguo monasterio del Ángel Custodio.

Tras la marcha de los capuchinos, el centro religioso pasa a ser ermita, contando ya con su cofradía, aunque pocos datos más se saben al respecto. El convento se ve alterado y modificado realizándose dos casas de recreo y varios jardines; el cigarral se convierte en propiedad privada. La datación más antigua de la que se tiene constancia es la de 1869, perteneciendo a Manuel María Herreros, Gobernador civil de Toledo y natural de Los Yébenes. No es de extrañar el interés por la adquisición de esta propiedad dada su cercanía al Tajo, pues durante su mandato hizo varias pesquisas para intentar hacer navegable el río, lo que muestra su claro interés por el cauce fluvial. A su muerte, tanto él como su esposa son enterrados en los nichos del Cristo de la Vega, pero unos años después, en 1876, los herederos deciden trasladarlos al santuario del Ángel.

Posteriormente, a mediados del siglo XX, el cigarral se traspasa a la escritora Fina Calderón y con ello la ermita. Mientras fue propiedad suya, se vuelve a convertir en lugar de reunión de personas ilustres en el mundo académico, literario y cultural, como así ocurrió en época de Sandoval y Rojas. La nueva dueña fue una enamorada de Toledo y así lo dejó reflejado en su obra póstuma *Toledario*. Muestra de la proximidad y relación de la autora con el sitio podemos verlo en la losa adosada a uno de los muros de la capilla con unos versos suyos titulados «De un ciprés» que reflejamos aquí, inspirado en alguno de los árboles que observaba a su alrededor.

Hay en el Cigarral un ciprés que se ahoga
entre cipreses sanos.
Espigaba su altura, su verde adolescencia,
con ímpetu y vigor
cuando una yedra ansiosa que junto a él medraba
lo enlazó lentamente.
Los rodeó primero con un tímido abrazo
y luego, zalamera,
encarceló su instinto buscador de las nubes
frenando ya su ascenso vertical;
y trepó hasta la cima de cónica figura,
y deformó su forma,
y le arrancó sus ramas,

Ciprés junto a la ermita

y descarnó su carne,
dejándolo sin fuerzas, sin voz para un lamento,
y le apagó sus verdes,
y se bebió su sabia.
Lo miro y me dá [SIC] pena
y pena le doy yó [SIC]:
pese a todo

su flecha toca el cielo
y yó [SIC]
no.

En este mismo periodo es desmantelado el palacio de Munárriz, también conocido como de los condes de Añover, ubicado en la calle San Lorenzo de la capital. La puerta de entrada en estilo renacentista es trasladada al cigarral del Ángel y es la que hoy día da acceso a este sitio de recreo. Tras penetrar por ella y dando un pequeño paseo por los jardines llegamos hasta la ermita. Se trata de un recinto de planta de cruz latina con una sola nave y dos capillas laterales. Destaca en el altar mayor la inexistencia de retablo. En el pasado hubo uno, flanqueado a ambos lados por dos imágenes de san Eladio y santo Tomás de Villanueva en sus respectivas hornacinas, pero con las diferentes intervenciones del edificio esto ha desaparecido. En su lugar se encuentra una pintura de gran tamaño (7x4 metros) de Vicente Carducci, más conocido como Vicente Carducho por la españolización de su apellido. Este artista de origen italiano trabajó principalmente en Madrid y Castilla y fue pintor de la corte de Felipe III y Felipe IV, lo que da muestra de su relevancia en la época. La colosal imagen del templo representa a la Santísima Trinidad con el Ángel Custodio en el centro de la composición. Aparece acompañando a un alma representada con un niño acudiendo al juicio final. En este conjunto está además la Virgen María, san Francisco de Asís y una serie de figuras representando vicios y virtudes.

Aunque esta es la obra pictórica más destacada, no es la única, pues todo el espacio está decorado con diferentes óleos de temática religiosa pertenecientes a la Fundación Soliss, actual propietaria del cigarral. La mayoría de ellos están realizados en el mismo periodo de la construcción del centro religioso, siglo XVII. Encontramos pinturas alusivas a santos como san Miguel, san Juan Bautista, o san Antonio Abad; representaciones de advocaciones marianas, Sagrario o Anunciación, esta del ya mencionado Vicente Carducho. Y otras composiciones claramente relacionadas con Toledo y la ermita en sí. Ejemplo de ello son los que repre-

Palacio de Munárriz a comienzos del siglo XX.
Fotografía de Pedro Román Martínez. Diputación Provincial

sentan la Imposición de la Casulla a san Ildefonso de Pedro Orrente adornando el centro de la pared derecha, o el de pequeño formato situado en la capilla de ese mismo lado mostrando al titular de la ermita, también obra del creador de la Santa Trinidad.

No solo hallamos decoraciones pictóricas en el templo, también algunas figuras en bulto redondo. A ambos lados del presbiterio se localizan la Inmaculada del dragón a la izquierda y a la derecha san Miguel aplastando la cabeza a un demonio realizada con gran detalle. Exceptuando estas, la mayoría de las esculturas se ubican en las capillas laterales. En la de la izquierda podemos observar, sobre un altar, la Virgen con el Niño y a su lado un santo. En la de la derecha, en otro similar, el Ángel Custodio.

La ermita cuenta también su historia a través de sus decorados, en el brazo derecho coronando la rejería de entrada y en el altar del fondo observamos el escudo de Bartolomé Gisbert, contador inquisitorial de Toledo en el año de la construcción del templo. En el lado opuesto distinguimos el escudo del cardenal precursor de esta misma construcción, Sandoval y Rojas, en el enrejado de acceso y en las ventanas. Decorando la parte baja de la peana, la heráldica del arzobispo Luis Manuel Fernández Portocarrero, quien ocupó el cargo desde 1677 hasta 1709, fecha de su fallecimiento. Está realizada en un estilo de gran modernez y da muestras de una intervención y mejora del edificio durante su pontificado.

En la parte exterior percibimos una ermita sobria, realizada en mampostería y ladrillo. Sobre su tejado a cuatro aguas se aprecia una espadaña con doble campana, las cuales se pueden activar desde el interior. Existen otras más pequeñas colocadas en el murete de entrada con una graciosa representación del Ángel Custodio en chapa. El portón de acceso está situado bajo techado de madera y presenta un marco de granito sobre el que se puede leer «ERMITA DEL SANTO ÁNGEL CUSTODIO. AÑO DE 1633», en clara alusión al nombre del santuario y al año de su construcción. En la cara opuesta se ubica otra puerta y rodeando todo el recinto de culto destaca la hiedra, elemento notorio que ratifica la importancia de la vegetación en el cigarral.

Junto a una de las caras laterales sorprende un recogido espacio de recreo adornado con arcos y bancos de piedra adosados a las paredes. Presenta también componentes naturales y vegetales como cipreses y enredaderas trepando por la piedra. Decorando los muros vemos placas cerámicas con representaciones de diferentes Vírgenes, y en la adosada al santuario otras planchas de mayor tamaño en la que se recoge por un lado la poesía de Fina Calderón, y por otro la historia de la fundación del convento y la

REAL E ILUSTRE COFRADIA
DEL
SANTO ANGEL CUSTODIO

ROMERIA Y SOLEMNES CULTOS
que tendrán lugar en la ERMITA
DEL CIGARRAL DEL ANGEL.

SABADO, 15 de Mayo de 1993, a las siete de la tarde,
MISA POR LOS COFRADES DIFUNTOS, por el Rdo. Padre
D. HONORATO IBAÑEZ.
———— Quínolas y Limonada para todos los asistentes ————

DOMINGO, 16, a las once y media de la mañana, SANTA
MISA y ORACION SAGRADA, por el Rvdo. Padre
D. EMILIO ROCHA GRANDE.
Después de la Misa, serán obsequiados con Rosquillas del
Santo y Limonada.

TRADICIONAL ROMERIA
Se invita a los actos a todos los Hermanos Cofrades, fieles devotos del Santo
y pueblo Toledano.

¡¡TOLEDANOS!! continuad la tradición y visitad en este dia en su Ermita al Santo Angel Custodio.

Cartel de los solemnes cultos que en honor del Santo Ángel Custodio
celebró su Cofradía en la ermita los días 15 y 16 de mayo de 1993

construcción de la capilla. Recorriendo la parte exterior descubrimos otros elementos informativos, como es la inscripción sobre Bernardo de Sandoval y Rojas y una escultura contemporánea junto a ella del primado toledano.

Este agradable paseo podemos realizarlo en la efeméride de su romería, el tercer fin de semana de mayo, aunque no siempre ha sido en este mes. En opinión de Román Hernández, la primera romería tuvo lugar en época de Sandoval y Rojas, celebrándose el segundo día de la Pascua de Resurrección, pero esta información no podemos darla por válida pues el cenobio fue construido en 1631 y el arzobispo ya había fallecido más de una década antes. Según reflejan distintas fuentes del XIX, como son los boletines eclesiásticos del arzobispado de Toledo o el autor que acabamos de mencionar y revisando la hemeroteca de la primera mitad del siglo XX, observamos que la fiesta se venía conmemorando todos los años entre marzo y abril, pero sin tener fecha fija. Es ya en 1993 cuando tenemos referencias de la celebración en mayo, sin llegar a saber en qué año concreto se produjo este cambio.

Julio Porres, en su libro *Historia de las calles de Toledo*, allá por los años 70 del siglo pasado, se refería a la romería del Ángel Custodio como de escasa repercusión popular. De igual manera tenemos noticias de 1897 en la que el arzobispado señala cómo se consideraba de poca relevancia en comparación con otras, poniendo de ejemplo la de la Vega. Esto ha variado con el paso del tiempo, especialmente desde el cambio de propiedad a manos de Soliss. Su implicación para con el cigarral y la ermita ha sido clara desde su adquisición en los años 90 del siglo XX. Pusieron en marcha la rehabilitación de la ermita y han efectuado un exhaustivo mantenimiento de los jardines. Además, la modernización de los festejos ha provocado que las visitas y las celebraciones al lugar hayan ido en aumento. El hecho de añadir ingredientes más actuales como conciertos, DJ´s, Food Trucks o puestos y barras de comidas y bebidas han generado la asistencia de personas de todas las edades, animadas por unas u otras motivaciones. Desde el viernes, las puertas están abiertas con distintos eventos preparados, reservándose los de índole religioso para el sábado y el domingo.

Durante el sábado por la tarde se oficia una misa ofrecida por los hermanos cofrades difuntos. El domingo, en la jornada matutina, se lleva a cabo la Eucaristía con la posterior degustación del llamado «pan del Santo» y la limonada. Ya por la tarde se celebra la procesión con la imagen del Ángel, acompañado del estandarte y la banda de música del Excelentísimo Ayuntamiento de Toledo. Antiguamente también era procesionada la Virgen de los Cigarrales pero en la actualidad no forma parte del desfile. Durante este traslado se van realizando los rezos y cantos del Rosario.

Aunque existen los festejos previamente mencionados, no relacionados con el mundo cristiano hay otros aspectos de ocio a medio camino entre lo sagrado y lo profano celebrados estos días. Se trata de las rifas y quínolas que, a pesar de no ser estrictamente religiosas, permiten a la cofradía obtener fondos para el mantenimiento de la ermita y la congregación.

Se sabe que la hermandad fue fundada a principios del XVII, con la creación de la ermita. Durante un tiempo desapareció y no fue hasta 1888 cuando fue refundada bajo el nombre de «Real e Ilustre Cofradía del Santo Ángel Custodio». Al igual que otras organizaciones similares, tienen obligaciones para con el templo, implicándose en su mantenimiento, llevando las andas el día de la romería o engalanando la imagen del Ángel Custodio antes de su procesión. Como modo de agradecimiento, y durante ese fin de semana, reciben de regalo las dulces roscas típicas de estos eventos.

Para los miembros es un orgullo pertenecer a esta hermandad, pues no solo se trata de un sitio de culto con una larga trayectoria, sino también de un santuario ubicado en uno de los cigarrales más bellos de la ciudad. Esto es motivo de la visita en masa de gran parte de los toledanos y de fuera de la ciudad, haciendo de este tercer fin de semana de mayo una fecha señalada en la agenda de muchos. No es raro escuchar en los días previos conversaciones entre los residentes en la capital preguntándose o afirmando la asistencia al lugar para disfrutar no solo de la romería sino también de unas vistas maravillosas del río y sus orillas, junto con una copa de vino en la mano y una hermosa música de fondo en la compañía deseada.

Coronación canónica de la Virgen en 2015

8

VIRGEN DE LA ESTRELLA

Retablo central

Ya hemos hablado de varias de las ermitas más relevantes de Toledo, pero todas las comentadas hasta el momento se encuentran ubicadas extramuros pues, por tradición, suelen estar algo alejadas de los centros poblacionales. A diferencia de las anteriores, la Virgen de la Estrella, santuario que trataremos en este capítulo, se sitúa dentro de la urbe. Tras pasar la afamada puerta de Bisagra y contigua a la iglesia de Santiago el Mayor, observamos el pequeño templo dedicado a la imagen mariana. Esta advocación se repite en muchos puntos de la geografía española, siendo la de mayor antigüedad la de Toledo. Este honor se puso de relieve en uno de los eventos organizados por los grupos de hermandades de dicho título, en donde tuvieron un sitio privilegiado en primera fila e hicieron mención a este aspecto notorio.

No sabemos el motivo de la elección de este emplazamiento, pero sí conocemos la estrecha vinculación con la iglesia de Santiago el Mayor, también conocida como del Arrabal por el barrio donde se encuentra. La capilla fue levantada sobre el área donde estaba el cementerio de la parroquia y más tarde su jardín. Vestigio del uso funerario lo encontramos en la plaza entre ambos edificios, en una columna rematada en cruz en el año 1752 erigida en recuerdo de este espacio. Por otro lado, el cenobio ha estado durante toda su trayectoria adscrita a este templo y esto ha hecho que compartan elementos comunes. Ejemplo de ello es la íntima relación de san Vicente Ferrer a ambos lugares de culto.

Este monje dominico llegó a Toledo en 1411, cuando existía un gran antisemitismo iniciado en décadas anteriores. Con este caldo de cultivo, el religioso comenzó a predicar por la zona del Arrabal alentando a los parroquianos de Santiago el Mayor contra los judíos y animando a la expulsión de ellos. Las crónicas señalan la inhabilitación de Santa María la Blanca como sinagoga, pasando a ser un recinto católico gracias a su labor. Tras este suceso, y teniendo en cuenta otras circunstancias de las que hablaremos más adelante, la ermita de la Estrella comenzó a procesionar su imagen una vez al año hasta el antiguo edificio hebreo. De hecho, la advocación de la Virgen se asocia a Vicente Ferrer, quien en una de sus predicaciones en el centro judío sugirió la designación de este nombre.

Es difícil precisar el momento de construcción del santuario, pues encontramos documentación y fuentes apoyando diferentes periodos. Las que se remontan a fechas más arcaicas, tal sea el doctor Pisa, defienden la existencia de una cúpula en el antiguo cenobio ya derruido, donde aparecía inscrito el año 1335 e indica asimismo la presencia de una de las cruces del predicador Ferrer.

Virgen de la Estrella en procesión

Exceptuando esta información poco fiable, sin nadie para corroborarla y ajena a documentos fidedignos, es difícil darla por válida, de hecho, Felipe Ramírez Benito en *El tesoro de Toledo* (1894), indica que en 1405 el padre dominico subió la imagen de la Virgen de la Estrella desde Santiago a Santa María la Blanca, dejando entrever la inexistencia de la ermita por aquel entonces.

La siguiente cronología planteada corresponde igualmente al siglo XV. En este caso sí existe documentación sobre la presencia de la cofradía allá por el año 1498, pues durante el pontificado del cardenal Cisneros, los hermanos adquirieron una vivienda en la denominada Subida de la Granja. Si bien en este año ya estuviese organizada la hermandad, no tiene por qué implicar que del mismo modo lo hiciese el edificio, pues algunas actas muestran su adscripción en el inicio a la próxima iglesia de Santiago el Arrabal.

En este caso, autores como Sixto Ramón Parro, defienden que la fechada en el siglo XV fue derribada por estar en ruinas, aspecto con poca base histórica y pareciendo más una manera de justificar la falta de restos de la anterior.

Las hipótesis más fiables quizás sean las referidas al levantamiento en el siglo XVI. Pedro Alcocer en su *Historia y descripción de la ciudad de Toledo* la nombra en 1554, por lo que debemos dar por válida su existencia en época del cardenal Silíceo, aunque no podamos afirmar si se trata de la primera.

Además de esta fuente también contamos con actas de los cabildos donde se menciona y que refutarían esta idea. A pesar de eso, la observada actualmente es la diseñada por Juan Bautista Monegros a comienzos del siglo XVII.

La fachada primero se pinta sobre revoco, con poco gusto estético, pero rápidamente fue redecorada en piedra de estilo barroco a mediados de la misma centuria por la mano de Juan de la Fuente. En ella observamos una puerta de madera recogida entre dos columnas dóricas laterales y bajo un arco de medio punto. Remata el conjunto el camarín con la Virgen y el Niño junto con diferentes elementos estrellados haciendo alusión al nombre de la advocación. Sobre él se encuentra un frontón y una cruz latina, todo con escasa decoración, al igual que el resto del espacio. Se trata de un edificio sobrio hecho de ladrillo y mampostería con la cubierta de tejas curvas y una campana sobre la fachada principal.

El templo observado hoy día es de una sola nave con planta de cruz griega, de enorme sencillez, bóvedas de medio cañón y lunetos en su interior. Paredes en blanco con un pequeño zócalo de cuerda seca, suelo de baldosas y en el frente el presbiterio levantado sobre unas berroqueñas escaleras y un enrejado tras el cual se encuentra la zona de la Virgen.

El retablo presenta gran riqueza ornamental, cubierto en dorado, con decoraciones vegetales y columnas salomónicas a ambos lados de la imagen mariana. La parte baja de la talla ha sido siempre la misma, teniendo que ser la superior restituida en algunas ocasiones. Coronada, esbozando una media sonrisa y con su hijo en brazos, se levanta sobre una peana y está vestida con uno de sus mantos bordados en hilo de oro. Detrás de ella hay una estancia cuadrangular cuyo acceso se realiza desde la sacristía. Aquí podemos ver un Niño Jesús pedigüeño sobre un

Altar mayor con la Virgen y el Niño

Puerta de entrada y coro

Representación del milagro de curación del doctor Julio Guerrero

pequeño altar, el cual era prestado a quien lo necesitaba para ayudarle ante alguna dificultad o desavenencia. Encima de la figura se observan pinturas regaladas a modo de exvotos con motivo de la intervención milagrosa de Nuestra Señora de la Estrella. Como ejemplo tenemos el óleo representando al doctor Julio Guerrero postrado en la cama a punto de morir, pero que gracias a la intercesión divina recupera la salud, o la del ciudadano Juan de Velasco sobre un suceso similar. Ambas pinturas son del siglo XVI.

Podemos distinguir asimismo otro lienzo algo más tardío, del XVIII, representando la desventura acaecida a una niña llamada Gertrudis al caer de lo alto de un pretil. Pareciendo muerta, la madre imploró a la Virgen y a san Vicente Ferrer y la pequeña quedó recuperada. En la tela se representa a ambas figuras religiosas sobre una nube en el extremo superior izquierdo.

No se debe desdeñar la importancia de estas pinturas, no tanto por su calidad estética cuanto por su simbología y antigüedad.

Vidriera reutilizada de la ermita de Urda

Como hecho anecdótico, cabe señalar que en la sacristía de acceso a esta habitación encontramos una pequeña vidriera con dibujos de estrellas sobre la puerta de entrada desde la calle. Esta fue recuperada de la ermita de Urda por Mariano Guerrero Corrales, miembro de la cofradía de la Estrella vinculado estrechamente con el pueblo, pues su padre era natural de esa villa manchega.

Es curioso como justo que el elemento decorativo seleccionado para la cristalera fuesen los astros estelares tan apropiados posteriormente para el recinto.

El resto de la ornamentación del espacio es poco reseñable. Se aprecian distintas pinturas de temática religiosa con santos y sucesos bíblicos, siendo los elementos más notables, aparte del camarín de la Virgen, las hornacinas en estilo barroco ubicadas a izquierda y derecha del crucero. Representan a Vicente Ferrer y san Sebastián respectivamente, ambos relacionados directamente con el santuario y restaurados recientemente. En el caso del primero por predicar en los alrededores, como señalamos más arriba, y en el del segundo por formar parte del nombre primigenio de la cofradía: «Nuestra Señora de la Estrella y Nuestro Señor San Sebastián», pues así se recoge en las ordenanzas aprobadas por el cardenal Juan Martínez Silíceo en 1555. Con el paso del tiempo esto cambiará y pasará a llamarse solamente con el apelativo mariano. Recientemente se ha vuelto a recuperar el primitivo nombre con la renovación de los estatutos en 2017.

Antiguo lienzo de la Virgen

A pesar de no tener constancia de reglamento más antiguo al nombrado del siglo XVI, se sospecha de la existencia anterior de la hermandad, pues hay documentación referida al alquiler de una vivienda a finales del siglo XV en la denominada Subida de la Granja, mencionada anteriormente. En este lugar daban cobijo a pobres durante la noche y tenía la denominación de hospital, aunque actuaba más a modo de albergue que como área curativa. Se sabe cómo aún en 1615 se mantenía en activo, estando ya desaparecido en 1776, pues no hay registro en el catastro municipal.

La vida de la hermandad ha tenido una duración muy longeva y se ha mostrado siempre activa e implicada en sus obligaciones. Muestra de ello es el añadido de tribunas y balcones realizados en 1701 con el propósito de destinar una zona para la música y los cantores y facilitar la escucha de la misa, o la decisión en 1874 de expulsar a aquellos compañeros incumplidores de sus deberes económicos. En señal de reconocimiento de la cofradía, en 1726 se promulga una concesión papal de indulgencias perpetuas por la cual los hermanos gozan de 60 días de tolerancias si realizaban actos puros y buenas obras. A pesar de su fervor, la hermandad ha tenido que lidiar con los contextos históricos que le han tocado vivir. No sabemos si durante la invasión napoleónica, ella o la ermita se vieron perjudicadas, pues concretamente de 1809 y 1810 no existen actas. A partir de 1811 reaparece documentación, pero sin dar información sobre lo acaecido durante la ocupación gala, eso sí, dejando clara la continuidad con sus quehaceres.

A mediados del siglo XIX conocemos la suspensión de las actividades por mandato del regente del reino, Baldomero Espartero, teniendo que solicitar la reanudación de sus prácticas al Vicario general del arzobispado de Toledo, quien las acepta. Las ordenanzas aprobadas en este momento fueron ampliadas en 1912 para recoger otras disposiciones no presentes hasta la fecha.

Nuevamente la cofradía vuelve a verse afectada años más tarde con la Guerra Civil española (1936-1939), teniendo que suspender parte de sus actos durante los primeros meses del conflicto, sin embargo, fue la única imagen de la ciudad que procesionó en ese año. En 1937, los hermanos solicitan su reorganización, siendo concedida por el Gobernador Militar, pero no es hasta el final de la contienda, en torno a 1940, cuando se retoman la salida en procesión y sus obligaciones propias.

La perseverancia y el azaroso trabajo de los hermanos se ha mantenido hasta la actualidad. Así se puede percibir en las imágenes que recorren las paredes en la sala de juntas anexa al oratorio. Se trata de multitud de representaciones de vírgenes con la misma advocación repartidas por el mapa español. Durante años, la cofradía de Toledo se ha preocupado de organizar encuentros con estas hermandades, acudiendo a visitar los santuarios y disfrutando de las celebraciones religiosas de manera conjunta. En estos eventos, las agrupaciones intercambiaban fotografías o dibujos de sus respectivas tallas y rendían culto a la Madre de Dios. Por desgracia, a raíz de la pandemia y con el encarecimiento de la vida, estas reuniones han dejado de celebrarse por falta de miembros con disponibilidad para acudir.

Tenemos otro espacio de la capilla de la Estrella del cual no hemos hecho mención aún. Se trata de la antigua casa del santero,

Vestimenta de la talla con decoración estrellada

situada al lado izquierdo de la entrada principal. Durante siglos ha estado habitada con el fin de que el encargado (o encargada en los últimos años), mantuviese atendido el lugar. No obstante, esta figura ha desaparecido recientemente, quedando este sitio como zona de almacén para guardar abalorios y trajes de la Virgen o elementos utilizados en sus famosos belenes. Para quienes no los conozcan, invito al lector a visitar la ermita en fechas navideñas, pues sus nacimientos se han caracterizado durante años por ser de especial belleza y muy elaborados, incluyendo maquetas de edificios, personajes detallados, decoración minuciosa… ganando en diversas ocasiones premios en concursos.

Además de las exposiciones de belenes, la Estrella cuenta con otros alicientes religiosos. Se celebra un novenario previo a la efeméride de la Virgen, que comienza en viernes con el pregón de una persona seleccionada por la hermandad (normalmente relevante para la ciudad) y durante las jornadas se realizan misas y rezos del Rosario. Otro de los actos efectuados son la exposición del Santísimo, la imposición de medallas a los nuevos hermanos o las ofrendas florales. Todo ello supone un abrir de boca para aquellos feligreses que desean venerar a la Madre de Jesús en su día grande, el cuarto domingo de mayo. Antiguamente se realizaba el domingo antes a la Ascensión del Señor o en Pentecostés, pero en la actualidad se ha fijado en esta fecha. No son de extrañar los diferentes cambios teniendo en cuenta su longeva existencia. El día grande se realiza la marcha por los alrededores del santuario, subiendo hasta Zocodover y volviendo a su lugar de origen. En el recorrido, los fieles siguen a la representación sobre andas acompañados de la banda de música y posteriormente son convidados a un refrigerio con tostones, patatas con costillas, migas, limonada, chocolate…

Con la recuperación del antiguo nombre de la cofradía: «Nuestra Señora de la Estrella y el señor San Sebastián», desde el 20 de enero de 2018 se ha reiniciado la celebración del mártir y se pretende seguir llevándola a cabo de manera permanente. Esta reincorporación del santo a las conmemoraciones del templo ha implicado que se añada a la procesión de la Virgen, junto con el suyo propio, el estandarte de san Sebastián. Otra de las antiguas fiestas, desaparecida en nuestros días, es la de la Candelaria, en el mes de febrero, realizada al menos durante el siglo XVII. Como vemos, las festividades están en constante cambio con el paso de los años, y aunque algunas de ellas se mantienen firmes, otras van modificándose.

Estandarte de la cofradía

Lo mismo ocurre con las procesiones, han ido variando a lo largo de su historia. Por ejemplo, las primeras se llevaban a cabo anualmente a la sinagoga de Santa María la Blanca.

Además de la relación con san Vicente Ferrer y la expulsión de los judíos, existe otra teoría sobre los inicios de estas peregrinaciones que es la siguiente: en 1550 el cardenal Silíceo mandó reparar el antiguo espacio judaico y construyó tres capillas en la cabecera de las naves, adquiriendo en este proceso algunas de las casas inmediatas al edificio. Construye allí un beaterio para mujeres de vida pecaminosa arrepentidas y asocia el existente en la barriada del Arrabal a este otro. Si añadimos también que este mismo prelado en 1555 aprueba las ordenanzas de la cofradía de la Estrella, no es de extrañar la invitación a realizar estas procesiones anuales a Santa María la Blanca. Sin embargo, en el siglo XVII se suspenden debido a la dejadez y el mal estado del recinto, considerando que la imagen no estaba bien salvaguardada. Tras cancelarlas, se deciden restituir por otras al convento de la Santísima Trinidad. En ellas la cofradía era acompañada por otras hermandades con sede en Santiago el Mayor.

Existían también las visitas procesionales a la iglesia de Santo Tomé, teniendo referencia de varias de ellas durante el XIX. Por último, hay que destacar las comitivas de la Virgen con motivo de la fiesta de la Santa Trinidad, que fueron celebradas hasta el último conflicto civil español y duraban tres días. El primero salía de la ermita y subía hasta Santa María la Blanca, donde hacía noche, posteriormente era trasladada a Santo Tomé, de ahí a San Marcos y en la última jornada regresaba a su morada. Debemos tener en cuenta que las procesiones no solo se realizaban con la idea de venerar a María, sino también para solicitar ayuda divina ante situaciones adversas. Generalmente las razones eran la propagación de enfermedades como el cólera o por periodos de sequía, cuando se necesitaba la lluvia para poder sobrevivir.

La Virgen de la Estrella y su cofradía tiene unos orígenes humildes, pues su nacimiento está en el gremio de laneros. Con todo, ha sido capaz de hacerse un hueco en el corazón de los ciudadanos y de conseguir una relevancia seguramente inimaginable en sus inicios. Muestra de ello es la capilla dedicada a Nuestra Señora de la Estrella que, aunque fruto de la casualidad, ocupa un lugar en el edificio religioso más importante de la ciudad, la Catedral Primada. La razón dada alude al deseo de ampliarla y a disponer la hermandad de la Estrella de una casa anexa al templo. Acuerdan la cesión del terreno pero teniendo desde ese momento en compensación o gratitud una importancia destacada dentro del santuario, edificándose en su interior la zona dedicada a su Señora y recibiendo una serie de privilegios. Existen documentos del siglo XIX donde señalan que tenían potestad para celebrar sus fiestas sin necesidad de pedir permiso al cabildo. No obstante, al corroborar esta información con cofrades actuales, nos indican que hoy día sí se solicita.

En 1941 se le otorga a la Virgen el título de libertadora, con la potestad para liberar un preso el día de su peregrinación. Se acudía con la talla hasta la cár-

Pequeña figura del Niño Pedigüeño

cel donde los presos la rezaban una salve y uno de ellos era absuelto. Este subía tras la imagen hasta la capilla. El último preso conmutado fue en 2008 y actualmente es miembro cofrade.

Esta fuerza de la Estrella en la ciudad se percibe también en su coronación canónica en 2015, símbolo de sus 500 años de existencia. La ceremonia fue oficiada por el arzobispo don Braulio Rodríguez y a ella acudieron autoridades como Emiliano García-Page, presidente de la Comunidad, y más de cincuenta cofradías de toda España. Durante la jornada, la imagen estuvo acompañada de miles de feligreses y curiosos. El éxito fue tal que las calles estuvieron abarrotadas como si de un Corpus Cristi se tratase, esto da claras muestras del amor por la figura mariana en la capital.

La devoción se remonta a épocas muy antiguas, ejemplo de ello lo tenemos en referencias sobre donaciones en dinero o especies (cuadros, ropas...), destacando la de una casa allá por el año 1650. Pero lo más valioso de estos presentes no es su valor económico sino sentimental, símbolo de ello es el regalo realizado en 2015 por parte de una familia de un nuevo traje para la Madre de Dios, confeccionado con un antiguo refajo bargueño de finales del XIX, cuando las bargueñas acudían a bailar frente a ella.

A pesar de la disminución en la sociedad del peso de la Iglesia, del catolicismo y de las creencias religiosas, la consideración en alta estima de esta ermita, su talla y la cofradía se mantienen hasta el presente. Sus magníficos belenes y la implicación por parte de los miembros en su elaboración, sin duda ha ayudado también a la fama y conocimiento de este lugar de culto. Incluso tratándose de un pequeño recinto, ha recibido gran atención a nivel eclesiástico, ciudadano e incluso estatal, al ser declarado Bien de Interés Cultural (BIC) el 5 de mayo de 1998. Esta catalogación implica el nivel máximo de protección por parte del Estado español a inmuebles o muebles de destacado interés artístico, histórico, paleontológico, arqueológico, etnográfico científico o técnico, lo que indica la notoriedad del templo.

Es habitual pasar por sus alrededores, pues se sitúa junto a una de las entradas más importantes del casco antiguo, la puerta de Bisagra. Por lo demás, su ubicación privilegiada y de sencillo acceso facilitan su visita.

Si queremos empaparnos sobre las tradiciones de este espacio, siempre podremos acudir en algunos de sus festejos señalados, tal sea el día de san Sebastián a comienzos de año o en la efeméride de la Virgen de la Estrella ya para la primavera. De cualquier modo, si no disponemos de esos días o del tiempo necesario, nos queda el recurso de acercarnos y asomarnos a través de la ventana protegida por una verja, situada en la puerta principal, siempre está abierta para permitir la observación de la venerada Señora sobre su altar.

9

VIRGEN DE LA GUÍA

Puerta de entrada al templo

A unos dos kilómetros desde el puente de Alcántara, tenemos la pequeña ermita de la Virgen de la Guía. Antiguamente existían otras por esta zona de la ciudad, como la de Santa Bárbara, Las Nieves o Santa María de la Sisla, pero fueron desapareciendo y quedó solo esta. El terreno en el que se halla ha sufrido varios cambios de propietarios, perteneció al Ayuntamiento hasta 1855 cuando lo vendieron y posteriormente fue cedido a la Academia de Infantería en 1940. En estos casos la ermita se ha mantenido ajena a los traspasos pero de manera inherente se ha visto afectada, especialmente ahora estando en área militar. Aunque el santuario no pertenece al ejército como tal, es necesario pasar por su propiedad para llegar hasta ella, lo que implica un difícil acceso. En otros tiempos se podía ir atravesando el puente de Alcántara y siguiendo por el castillo de San Servando hasta llegar a la antigua calzada romana que unía Toledo con Oretum. También se llegaba a través del camino hacia La Mancha, en el barrio de Santa Bárbara, ahora bajo control de los militares. La otra entrada habilitada estaba igualmente en esta misma barriada cerrada con una alambrada, pues hace años un niño perdió la mano por un artefacto de guerra hallado allí mientras jugaba. Desde entonces solo se puede visitar a través de la puerta principal de la Academia Militar de Infantería, estando muy controlado el paso por motivos de seguridad.

Dada la complejidad de su acceso, la contemplación de este recinto se hace más apetecible y emocionante, aunque únicamente podremos hacerlo en el día de su romería, 12 de octubre, el sábado previo a esta o el último domingo de mayo, cuando se oficia una misa en honor a la Madre de Dios. Por su emplazamiento y cercanía, se encuentra adscrita a la parroquia de Santa Bárbara, pero no siempre ha sido así, pues también lo estuvo a la de La Concepción de Calabazas (dehesa situada en la zona de Azucaica y Santa María Benquerencia, ya desaparecida), a la de Santiago Apóstol y a la de San Justo.

Las primeras referencias sobre su construcción datan del año 1432, con la advocación de la Natividad. Fue fundada por cuatro sacerdotes denominados «los cruces», pero pocos años después, en 1499, se produce un incendio y el edificio queda abandonado. En realidad, el único autor que señala este antiguo origen es Felipe Rubio Piqueras, quien más que historiador era músico, por ello, dejamos a consideración de lector dar por válida esta primera datación, o al menos la precisión de la misma.

Las advocaciones primigenias de la Guía en España se remontan a la Edad Media, siendo la más antigua conocida del siglo XII en Barcelona.

Dado que el primer nombre de la capilla toledana no era este, tampoco eso nos da pistas sobre el levantamiento inicial. A pesar de la ignición del edificio, se siguió manteniendo el culto a la imagen mariana gracias a la cofradía de Santa Lucía, pero realizando las celebraciones en su santuario situado en la Vega Baja, próxima a los baños de Galiana. Por desgracia, cien años después este templo se viene abajo por la crecida del río y es cuando se plantea la reconstrucción de la antigua ermita de la Natividad.

La siguiente fecha sí aceptada por diferentes autores e historiadores es la de 1598 (en la *Guía artístico-práctica de Toledo* indica el año de 1569). Esta fundación se sustenta, ade-

Primitiva imagen de la Virgen de la Guía, destruida en 1936. Blog:Toledoolvidado

más de en la desaparición del espacio de Santa Lucía, en el hecho aparentemente acaecido a Diego Rodríguez, racionero de la catedral, junto con el deán Diego Fernández Machuca, un día que iban de cacería por una dehesa cercana denominada «La Legua». Estando en esta zona, plagada de encinas por aquel entonces, se perdieron en el bosque y acabaron por separarse. Se hizo de noche y se desencadenó una gran tormenta, y Machuca encontró un paraje donde cobijarse. Posteriormente levantó allí un cenobio dedicado a Santa Ana. Por su parte, Diego Rodríguez se encomendó a la Virgen de la ermita de la Natividad, ubicada en los alrededores, y en este momento apareció una corneja volando delante de él con una luz en el pico que le hizo de guía hasta la capilla. Agradecido por haberle salvado de los peligros,

·133·

decidió reconstruirla y cambiar la advocación por la de la Guía, como recuerdo del suceso ocurrido. Esta nueva edificación se hizo teniendo en cuenta la buena fábrica de la anterior, por lo que resultó costosa y contó con la ayuda de la hermandad. Para su construcción se nombró a Zapata, maestro mayor de la Catedral como jefe de obras y en 1599 el lugar fue bendecido por el obispo de Tenerife, quien estaba por aquel entonces en Toledo.

Una vez reconstruido, los cofrades asumieron su mantenimiento. Señalamos aquí algunas de las intervenciones más antiguas de las que tenemos constancia. Pocas décadas después de esta reconstrucción, en 1633, un tal Juan Muñoz renueva el arco, la peana y el brocado colocado detrás de la Virgen. Continúan con algunas obras un año después y ejecutan otras posteriores en 1638 y 1668. En la siguiente centuria conocemos el trabajo de albañilería realizado en 1786, siendo el párroco de San Justo quien recibe la factura.

Aunque estas son algunas de las reparaciones más antiguas conocidas, la implicación en su cuidado se ha mantenido hasta el presente. De hecho, el dinero que se obtiene el día de la festividad en sus rifas y quínolas se invierte en la cofrafía y en la ermita.

Por su ubicación en terreno militar, la Junta Directiva de la cofradía cuenta ahora con un pase especial para poder ir cuando sea necesario por motivos de arreglos o reparaciones del templo.

Podemos pensar que con esta dedicación de los cofrades desde sus comienzos, la actividad en el recinto debía ser muy intensa, pero nada más lejos de la realidad. Durante los primeros años son pocas las misas celebradas debido a la lejanía del lugar y se realizaban únicamente los días de la Natividad de María (por el antiguo título del sitio de culto), la Purificación y el último domingo de mayo, aniversario que coincide con la fecha de la colocación de la imagen mariana por primera vez y cuando se celebró la inaugural función religiosa. Esta efeméride se mantuvo desde 1598 hasta 1812, cuando las tropas napoleónicas incendian el sitio y profanan también la sepultura de Diego Rodríguez, quien había sido enterrado bajo el altar. Destrozaron igualmente unos batanes mandados construir por el cardenal Lorenzana. Debido a

Ermita a mediados del siglo XX. Foto Villasante

esto, durante un tiempo tuvieron que cesar las actividades del oratorio, concretamente hasta los años 20 del siglo XIX, cuando inician las reparaciones.

Según Felipe Rubio Piqueras, las obras fueron costeadas por la hermandad y el alcalde corregidor Trinidad Ramírez, quien ayudó a conseguir la suma necesaria. Sin embargo, al revisar la lista de cargos de la ciudad desde 1476 hasta la actualidad, no se encuentra ninguna persona con este nombre que ostentase dicho oficio. Esta nueva restauración es bendecida por Martín Ramiro Lumbreras Toledano obispo de Pachou. En este momento fue restituida la talla, pues también había sido profanada, en este caso el mecenas es Joaquín Fernández de Córdoba, marqués de Malpica, cuyo título nobiliario fue creado curiosamente por Felipe III en el año de la primera bendición de la ermita con advocación de la Guía (1599). Luchó activamente contra los franceses y posteriormente fue senador de Toledo, lo que le relaciona de manera estrecha con la ciudad. En esta nueva figura se reaprovecha el Niño Jesús. Según narran las crónicas, fue descubierto entre unas retamas de los alrededores por el maestro de coches del conde de Trastámara.

Atendiendo a la tradición, este trabajador, de apellido López, pasaba por el camino que unía la venta de Santa Ana con el santuario, pues en ese lugar hacían acopio de comida y materiales durante la restauración del XIX. Yendo por dicho sendero, el hombre encontró la talla del Niño Dios (suponemos que fue escondida por alguien durante la invasión napoleónica), recuperó la efigie y pudo ser repuesta a su centro de origen. Aunque este suceso se asocia a la intercesión mariana, al igual que el de la protección del fundador de la Guía tras su perdida en el campo, no son los únicos milagros conocidos. A continuación haremos mención de algunos otros.

Uno de ellos es el de un hombre que, cautivo en Orán, pidió clemencia a la Virgen y quedó liberado. Como agradecimiento llevó un presente para recordar el hecho sucedido. Diferente es el acaecido a un campesino que, tras perder un caballo, fue a la capilla a solicitar su ayuda para no ser despedido por tal acto. Cuando empezó a rezar, escuchó un relincho en la puerta y apareció milagrosamente el corcel. Otro de los ocurridos fue el vivido por Eugenia Ruedas, una joven que cayó desde un corredor al intentar coger agua de un canalón, imploró a la Madre de Jesús y resultó ilesa de la caída. Existen otros asociados a la curación de enfermedades como la del párroco de Calabazas, quien teniendo infección de orina, rezó a María y sanó; la de Ana Alcaide recuperada de gota; el de Eugenia Castillo Canales aquejada de alferecía continua (enfermedad caracterizada por convulsiones y pérdida de conocimiento) con la misma suerte; o el de Antonia Ayala, feligresa de San Justo que, habiendo quedado lisiada tras el parto, rogó a María y sanó. Como agradecimiento se encargó de la limpieza de la ermita los tres años siguientes y continuó siendo muy fiel a ella durante toda su vida.

Existen también milagros de vicisitudes más espontáneas, como el de Juan Pérez Vecino que a punto de asfixiarse por un hueso atravesado en la garganta, se encomendó a la Señora de la Guía

Virgen de la Guía

y pudo expulsarlo; o la de Alfonsa Alvarado, quien estuvo cerca de morir en un parto y la intervención divina la salvó. Hay algún otro relacionado con el uso de elementos físicos y no tanto con rezos, como el de Atanasia Troya, quien teniendo una herida gangrenosa utilizó el aceite de la lámpara prendida en el recinto y su carne se recuperó como por arte de magia. Como vemos, la lista de prodigios asociados a la imagen mariana del templo es muy extensa. Estos son solo algunos de los recogidos en diversas fuentes, pero no los únicos.

La devoción de los fieles se expresa de manera especial el día de la romería. A diferencia de las de otras ermitas, esta no cuenta con triduo o novenario (tuvo quinario en su momento). Sin embargo, el sábado anterior a la fiesta se realiza la misa por los hermanos difuntos, tras la cual se convida a migas a todos los presentes. En cuanto al día grande, en sus comienzos se realizaba el último fin de semana de mayo, pero tiempo después cambió al segundo domingo del mismo mes. No duró mucho, pues se volvió a modificar a septiembre y finalmente a octubre. Cuando se produce el cambio al periodo otoñal, comienza haciéndose el segundo fin de semana, para quedarse en la actualidad como fecha fija el 12 de este mes, efeméride de la Hispanidad, lo que la convierte en una de las romerías más tardías de la ciudad.

Este día acude a primera hora de la mañana un grupo de corredores toledanos que ayudan a bajar la escultura de su altar y colocarla en su lugar de veneración, toda una tradición ya. Durante la jornada, se oficia la misa en honor a la Santísima Madre de Dios de la mano del párroco de Santa Bárbara, acompañado por el coro de jóvenes de la misma parroquia. El pasado 2023 fue el Obispo Auxiliar Francisco César García Magán quien recibió los honores de solemnizar la ceremonia. El motivo se debe a que en sus inicios sacerdotales fue vicario en la parroquia a la que está adscrita la Virgen de la Guía y creó con su cofradía un estrecho vínculo, llegando a colaborar en algunas de las reformas llevadas a cabo en el edificio. Fue un gran honor para la hermandad, que le hizo entrega de la medalla, y también un hecho emotivo para el prelado.

En los últimos años ha habido un cambio respecto a la celebración de la Eucaristía. Tradicionalmente se oficiaba en el interior de la pequeña ermita donde el aforo era limitado y gran parte de los asistentes tenía que escuchar al sacerdote desde el patio con la consiguiente pérdida de calidad auditiva y de visión.

A raíz de la pandemia de la covid, la organización cambió. En 2020 tuvo lugar en la parroquia de Santa Bárbara y en 2021,

El obispo auxiliar Francisco César García Magán oficiando misa. 2023

cuando las restricciones eran algo menores, se realizó en la explanada previa al recinto del santuario. Tal fue el éxito en esta jornada que desde entonces viene celebrándose así y se tiene previsto que se siga manteniendo en la misma línea en los años venideros. La talla mariana es más fácilmente visible desde todos los ángulos, el problema del aforo deja de serlo al dar cabida a multitud de romeros y la acústica llega a todo el público.

En cuanto a la procesión tiene lugar por la tarde, donde los cofrades pasean la imagen por los alrededores acompañados de una gran comitiva. En las proximidades se encuentra una cruz, que es el punto denominado crucero, donde se da la vuelta para volver al santuario.

En esta romería suelen acudir muchos vecinos de la barriada de Santa Bárbara, pues consideran como suya esta celebración y gran parte de los cofrades son de allí, aunque también hay muchos de localidades limítrofes como Cobisa, Burguillos, Bargas y Olías del Rey. Del mismo modo, hay que destacar la gran cantidad de miembros del gremio de Guías e Intérpretes de turismo, pues la han convertido en su patrona.

Durante toda la jornada, las puertas del templo están abiertas y en el entorno se puede respirar ese aire de festejo acompañado del sonido de las campanas. Se invita a todos los asistentes a tostones y limonada, y a los más madrugadores a un chocolate con rosca. Además, se realizan actividades como quínolas y rifas propuestas por los organizadores para conseguir roscas, jamones y quesos. Esto supone una ayuda para obtener fondos y dedicarlos el mantenimiento del recinto.

En el pasado, vecinos de las localidades de Bargas y Olías del Rey acudían el día grande en sus galeras, pues tenían gran devoción por ella. No sabemos si el nombre de la ermita oliera, denominada de Santa Bárbara, tiene alguna relación con esta devoción y el vecino barrio toledano próximo a la Guía o es pura coincidencia. También era tradición realizar una luminaria en la explanada, donde la gente bailaba y saltaba, y la procesión con la imagen se realizaba de noche, necesitando para ello el uso de antorchas. Con esta estampa en mi cabeza, no puedo evitar imaginar la espiritualidad del momento y la plenitud sentida por los asistentes, realizando esta peregrinación en un paraje tan desolado. Recordemos que nos situamos en campo abierto, sobre un montículo escondido a bastante distancia del complejo urbano.

En sus cercanías se encontraba una mina abandonada de la cual ya no quedan restos y el campamento militar de Los Alijares, donde iban a practicar maniobras de combate, esto da claras muestras de lo solitario del terreno. Tanto es lo aislado del espacio que varios ermitaños vivieron en la capilla o en sus cercanías.

Es posible que el lugar elegido fuese la enigmática cueva con pinturas al fresco dispuesta justo debajo del altar y de la que poco se conoce. Esta primitiva covacha plantea la hipótesis de que fuese un lugar de retiro espiritual y que con el tiempo llevase a la construcción del primer edificio religioso. Según Sixto Ramón Parro, se conservaban algunas calaveras, huesos e instrumentos

Procesión de la imagen el día de su romería

de penitencia usados por ellos, pero según información aportada por la actual presidenta de la cofradía estos ya no existen.

Durante los años 20 del ochocientos, era un área espiritual y de penitencia habitual para otros conventos y beaterios. Este emplazamiento escondido originó también que durante la contienda civil del siglo pasado, la zona estuviese muy expuesta y sufriese combates durante un largo periodo. En ellos, la talla de la Virgen se vio perjudicada, se quemaron las manos y el armazón, por suerte la cabeza pudo ser puesta a salvo.

Si nos centramos en las características arquitectónicas o constructivas, el recinto es sencillo, austero, hecho en mampostería y ladrillo con una fachada de acceso en cal blanca. En el lateral derecho existe una parte que hacía la función de corral pero que hoy día está abandonada. La entrada presenta un pórtico sostenido por columnas de granito bajo el que se ubica la puerta de ingreso construida en madera. Respecto a la cubierta es a tres aguas con tejas árabes y cuenta con una espadaña sobre la puerta de la capilla. El área se distribuye en torno a un pequeño patio. Tras pasar la puerta hay habitáculos a izquierda y derecha para uso de la hermandad.

En 1962, el presbítero Ignacio Gallego Peñalver solicitó la realización de una construcción en dos niveles en el lateral junto a la vaguada de la Rosa para los guardeses del cenobio. En la actualidad esta vivienda se usa como almacén pues se encuentra deshabitada. La habitación anexa a ella es empleada como zona de entrega de roscas el día de la festividad y las construcciones de enfrente como sala de reuniones y celebraciones con otras hermandades. En estos espacios, aunque tienen un uso más práctico que religioso, cuentan con algunos tesoros. Ejemplo de ello es el estandarte realizado en 1956 por el artista Tomás Camarero u otro que presenta mayor antigüedad, pero del que desconocemos su autoría o fecha.

En la parte central del recinto, a ambos lados de estas construcciones, vemos la capilla. En su interior podemos apreciar una sola nave con dos filas de bancos recientemente renovados y un pequeño coro al que se asciende por unas escaleras laterales. La decoración es sobria, un Vía Crucis recorre la sala y algunas imágenes religiosas en sus hornacinas y peanas: santa Teresita del Niño Jesús (para algunos autores como Vaquero Fernández-Prieto se trata de santa Rosa de Lima, pero carece de corona de rosas, una simbología bastante común en ella, por lo que lo pongo en duda), santa Cecilia, una cabeza de Cristo coronado, San José y el Niño y una imagen que el mismo Vaquero relaciona con san Juanito, pero no es una representación de un infante por lo que lo veo poco plausible. En el caso de esta última es difícil precisar quién es por la escasa iconografía que muestra. También hay un estandarte utilizado en las procesiones. Aproximándonos al altar, observamos en el suelo una losa de mármol que indica el lugar de enterramiento de don Diego Rodríguez, fundador de la ermita con la siguiente inscripción:

> *Aquí yace*
> *D. Diego Rodríguez*
> *vecino de Toledo*
> *fundador*
> *de esta hermita [SIC]*
> *en año 1560*
> *R.I.P*

En el presbiterio se encuentra el altar de hierro forjado y tras él la figura más importante, la Virgen que da nombre al santuario. Aparece sobre su altar repujado en plata, recubierta con una orla del mismo metal precioso con adornos dorados bajo un arco de medio punto a modo de camarín. Está vestida con un manto rojo y blanco con su hijo en brazos. Se trata de la segunda imagen bajo advocación de la Guía que ha tenido el templo, la primera fue realizada por Carlos Tejado y Venero, vecino de Olías y tallista de la Catedral en el momento de la construcción de la capilla con el presente nombre.

Quizá la autoría de esta primigenia talla influyese en la gran devoción de los naturales de este pueblo mantenida hasta el presente. El Niño lleva cobijado en su regazo a la corneja con la luminaria en el pico que, según la leyenda, guio al fundador hasta ese lugar. La actual imagen de María Santísima fue restaurada con elementos antiguos y nuevos. La cabeza es la que se consiguió mantener a salvo de las tropas napoleónicas, las manos se pusieron nuevas y el Niño Jesús también. El recuperado tras la invasión gala es custodiado con gran esmero por la Junta Directiva. Cuando se hizo este arreglo, la efigie fue llevada a la parroquia de San Justo, siendo procesionada desde ahí a la capilla en 1940.

En cuanto a la cofradía de Nuestra Señora de la Guía, tiene unos inicios tan primitivos como los de la propia ermita. Hay libros de actas desde 1611, por lo que al menos desde ese momento ya estaba formada. En estos primeros años contaban con poca dotación económica y a ello se sumó el robo en tres ocasiones entre 1618 y 1680. Esto, junto con la lejanía del lugar, provoca la solicitud por parte de los miembros para cambiar la ubicación de la capilla al castillo de San Cervantes (más conocido actualmente como de San Servando), pidiéndoselo al Consejo de Gobernación de la Archidiócesis. Suponemos, por tanto, que en esta época el recinto no contaba con santero, figura sí constatada durante los siglos XIX y XX.

En 1682 se produce una inspección al santuario por parte del visitador general del arzobispado acompañado de los hermanos cofrades, pero no se sabe qué se sacó en claro de la reunión, pues el libro de actas quedó en blanco. Con ello deducimos que la hermandad desaparece. En 1792 está de nuevo en activo, se tiene constancia de ello por la presencia de unas ordenanzas aprobadas en ese año por el cardenal Lorenzana, sustituidas en 1858 por otras mediante real cédula de Isabel II. En estas últimas figura una organización especial, distinta a lo habitual en otras agrupaciones. Diferencian dos categorías, por un lado, los hermanos propiamente dichos, que colaboran con un mayor aporte económico y pueden ostentar cargos directivos; por otro lado, los esclavos, con una contribución mínima de dinero y a los que solo se les da derecho de entierro. Hoy día esta catalogación ya no existe, todos las mismas cuotas y derechos.

Lo que sí ha compartido con otras cofradías desde sus comienzos es la incorporación tardía de las mujeres como integrantes, pues en sus inicios eran solo varones. Esto contrasta con la situación vigente, pues los dos últimos presidentes han sido mujeres, la primera de ellas la pionera de todas las hermandades de ermitas de Toledo. Respecto al origen de sus componentes, comenzó siendo mayoritariamente de comerciantes, tras la contienda civil tomaron las riendas los artesanos de la ciudad y hoy día, como ya señalábamos más arriba, está formada en gran medida por vecinos del barrio de Santa Bárbara, aunque no exclusivamente.

Es curiosa la evolución de la romería de Nuestra Señora de la Guía en las últimas décadas. Con el cambio de propiedad a la Academia de Infantería, la capilla empezó a ser poco visitada y desconocida para los toledanos más jóvenes. Quizá el aumento poblacional del barrio próximo y la implicación de sus vecinos para con el santuario, haya ayudado a la nueva difusión de esta festividad y a reavivar las visitas en los días en los que se puede acudir. Comparte con el resto de las ermitas una longeva trayectoria, sin embargo, difiere de las demás por su ubicación alejada y poco accesible, llenándola de un cierto misticismo. Se trata de una romería diferente, en un terreno abrupto, sin edificaciones próximas y en espacio abierto. Claramente, es una peregrinación digna de hacer para quienes aún no lo hayan hecho y una maravillosa opción para quienes ya la conocen. De esta manera, no solo disfrutamos de un paraje único, sino que ayudamos a dar a conocer las fiestas y celebraciones de la localidad, aumentando el conocimiento cultural e histórico de toledanos y conocidos con los que queramos compartir nuestra experiencia.

Capitel de la mezquita del Cristo de la Luz

10

CRISTO DE LA LUZ

Vista lateral del Cristo de la Luz

Llegamos al final del libro hablando de una ermita sin culto ni romería. Se trata del Cristo de la Luz, y aunque su función religiosa ya es inexistente al haber quedado como área musealizada, considero imprescindible incluirla en este conjunto, pues tiene la catalogación de Monumento Nacional, lo que nos da claras muestras de su relevancia. Como veremos a lo largo del capítulo, el título de este espacio sagrado y su actividad han ido variando a lo largo del tiempo, y dada su longeva existencia creo necesario hacer un recorrido por sus distintos momentos, no centrándome solo en su periodo como capilla cristiana.

El recinto es más conocido como mezquita por su antiguo uso, pues fue construido por los musulmanes para tal efecto y es uno de los edificios conservados más antiguos de Toledo. Al ignorarse el nombre real en el momento de su erección, se la denominó de Bab al-Mardum, por la puerta de entrada a la villa situada al lado. Este acceso también es llamado de Valmardón (simple variación ortográfica), apelativo puesto ya en época cristiana y empleado con mayor frecuencia en la actualidad. En sus inicios se trataba de uno de los pasos más importantes de la muralla, por ello, debemos considerar la posible notoriedad del santuario. A esto se une que en las excavaciones llevadas a cabo por los arqueólogos Arturo Ruiz Taboada y Raúl Arribas Domínguez en 2006, se descubrió parte de la antigua calzada romana, un tramo del *cardo máximo*. Para quienes desconozcan la tipología urbanística de la antigua Roma, diremos que esta vía se disponía en orientación norte-sur, atravesada por otra denominada decumano, en dirección este-oeste, y ambas componían las dos vías principales de comunicación de cualquier ciudad. Esto apoyaría la idea de que se trataba de un emplazamiento ya relevante incluso antes de la dominación sarracena.

Durante largo tiempo, el templo mahometano se mantuvo semioculto. Como sucede con muchas de las edificaciones del casco histórico, es a raíz de unas reformas cuando se realizó este gran descubrimiento. He aquí una muestra más de los tesoros ocultos de la antigua *Urbs Regia* y una razón por la que siempre me ha fascinado la riqueza arqueológica, arquitectónica e histórica de esta localidad. No dejan de surgir elementos dignos de engrandecer aún más su patrimonio.

Es inevitable que los enamorados de la Historia lo estemos cada vez más de esta ciudad Patrimonio de la Humanidad. Pero continuamos con el edificio en cuestión para decir que en 1899, al hacerse unos arreglos en las cubiertas y en la casa del conserje a cargo de la Comisión Provincial de Monumentos Históricos y Artísticos de Toledo, mientras golpeaban con una piqueta para quitar una capa de cal en una de las paredes interiores, empezó a aparecer ornamentación de estilo árabe, lo que animó a

Detalle de la escritura cúfica en el muro

continuar con los trabajos. El lugar preciso donde se empezó a picar fue indicado por el albañil al historiador Manuel González Simancas, quien sospechaba que ahí se encontraba algo destacable, pues había visto que se distinguía una ménsula de piedra que podría ser ornamental. El resultado fue la aparición de la fachada paralela a la calle. Ante tal descubrimiento solicitaron más fondos económicos para continuar con las obras, aprobados rápidamente por el Ministerio de Fomento. Ese mismo año, la Real Academia de la Historia insta a su reconocimiento como Monumento Nacional, siendo aceptada la propuesta. El descubrimiento fue de tal envergadura que no solo se continuaron con las excavaciones para sacar a la luz el santuario sino que, además, se eliminaron las casas anexas para dejar el espacio aislado con todos sus elementos visibles.

En esta intervención es cuando se descubre una inscripción cúfica (escritura árabe primitiva surgida en la localidad iraquí de Kufa; a diferencia de la caligrafía *nasji* utilizada actualmente, la antigua es más recta y angulosa) en la que figura el momento de su erección, centuria IV de la Hégira. Este concepto se refiere a la huida de Mahoma de La Meca a Medina, correspondiente al año 622 de nuestra era, por lo que si transformamos la datación a nuestro calendario nos daría la fecha del 999. Algunos estudiosos defienden la existencia previa en este mismo lugar de una iglesia cristiana de época visigoda, construida en época de Atanagildo (siglo VI), que custodiaba un Cristo muy venerado por los ciudadanos.

Algunas leyendas narran como este recinto fue profanado por dos judíos llamados Sacao y Abisaín, aunque los nombres y número de personas varían dependiendo de las fuentes (otras teorías aluden solo a un judío como protagonista). El caso es que según estos relatos, la imagen fue golpeada en el costado con una pica y en ese momento empezó a derramar sangre. Asustados ante este hecho, los atacantes deciden llevarse la figura y esconderla en la cuadra de uno de ellos. Cuando comenzaron a buscar el crucifijo, el rastro rojizo los llevó hasta el escondite, los judíos fueron apedreados y la efigie llevada de nuevo en procesión hasta la iglesia. Continúa la leyenda explicando como embravecidos por la muerte de sus hermanos, los hebreos deciden untar con veneno los pies del Santísimo, pues ante el suceso ocurrido los cristianos acudían habitualmente a besar los pies del crucificado. En el momento en que una mujer se acercó a hacerlo, el pie se desclavó de la cruz y salvó la vida de la creyente, dejando al descubierto el intento de envenenamiento. Otras versiones señalan que la iglesia no estaba aún construida en época visigoda y existía solo la imagen de un Cristo en ese emplazamiento, y que fue a raíz de este suceso cuando el monarca godo decidió levantar el templo.

Aunque esta hipótesis de la existencia del primitivo centro de culto visigodo ha sido aceptada durante mucho tiempo, la realidad arqueológica es bastante diferente. Según indica Arturo Ruiz Taboada en su *Guía Arqueológica: La Iglesia del Cristo de la Luz, antigua Mezquita de Toledo*, tras excavaciones llevadas a cabo en el subsuelo del recinto, no se ha descubierto nada que apoye este primer uso religioso. El único elemento arqueológico con posibilidad de duda es la gruta hallada bajo el ábside que plantea la conjetura de poder ser un asentamiento monástico de tipo eremítico, pero los últimos estudios realizados tienden a asociarlo

Mezquita en el siglo XIX con la fachada tapada.
Blog Toledoolvidado

más bien con una cantera de época romana. Sí se ha constatado de manera fehaciente la presencia de dicha cantera, una calle e incluso una cloaca de este mismo periodo. Esto implica que, ante la escasez de elementos para apoyar esta idea, debemos dejar en interrogante el uso del área en época goda.

Quizá sí que hubiera algún Cristo venerado en el lugar, pues según cuenta la tradición, con la llegada de los árabes la imagen es escondida tras una tapia junto a una vela encendida, y esta se mantuvo viva durante más de 300 años, hasta la llegada de Alfonso VI a Toledo y su paso por la mezquita (algo también difícil de creer). De ahí que el nombre del santuario sea el de Cristo de la Luz, aunque tradicionalmente se denominaba Cristo de la Cruz y Nuestra Señora de la Luz, pues según algunas versiones lo encontrado por el rey al llegar fueron las dos figuras escondidas e iluminadas.

Si nos fijamos en la fecha de erección del templo islámico (999) y la Reconquista del territorio (1085), nos damos cuenta rápidamente de que la utilización del edificio por los musulmanes fue bastante escasa y fue convertida a no mucho tardar en ermita. Nos encontramos, por tanto, ante un uso católico, pero en una construcción de influencia andalusí. Este espacio es un claro ejemplo de cómo las distintas culturas que han habitado la población han convivido y se han cohesionado mutuamente. Destaca de manera especial la influencia de la arquitectura islámica en las posteriores edificaciones cristianas, conocido como estilo mudéjar, tan típico en la Ciudad Imperial.

Como muchos de los lugares de la urbe, la ermita del Cristo de la Luz cuenta con su propia leyenda. Llegando Alfonso VI con sus tropas a Tulaytula en el año 1085, y tras pasar la muralla, su caballo se postró delante de la mezquita (para algunos fue el corcel del Cid Campeador) sin conseguir que el animal se levantase. Hoy día ese punto está señalado con un adoquín blanco. Animados por un sentimiento extraño decidieron picar un muro tras el cual apareció una talla de Cristo alumbrada por una lamparilla de aceite, mantenida viva durante los siglos de la ocupación andalusí.

Ante la fascinación por este hecho, el rey decidió consagrar el recinto y celebrar la primera misa tras la Reconquista, oficiada el 25 de mayo por el abad don Bernardo, que les acompañaba en la comitiva. Se dice también que Alfonso VI, el monarca castellano, dejó su propio escudo donde aparecía representada una cruz como recuerdo de este acontecimiento.

De nuevo las fuentes vuelven a poner en duda esta leyenda. Según el historiador árabe Ben Bassam, las tropas cristianas habrían acampado en la llamada Huerta del Rey, muy próxima al principal acceso por el puente de Alcántara que unía directamente con el Alcázar y el Alficén. Esto parece mucho más lógico que penetrar por una de las puertas más alejadas. Este texto fue escrito allá por el 1110, es decir, muy próximo al momento del suceso y, por tanto, más posible apostar por su veracidad.

Ábside de estilo mudéjar

Por todo ello, nos basaremos en las fuentes históricas para considerar, al menos de manera fidedigna, los primeros momentos de los que se tiene constancia de su uso como templo cristiano. El primer documento hallado es el fechado el 29 de junio de 1186, firmado por el arzobispo primado Gonzalo Pérez, a petición del rey Alfonso VIII. En él se deja constancia de la cesión del espacio a la Orden de los Caballeros Hospitalarios de San Juan, llamándolo desde entonces de la Santa Cruz. Durante toda su advocación cristiana sigue bajo propiedad de esta milicia religiosa pero poco a poco fue desatendida con el consiguiente deterioro.

Esto da lugar a que en algunos momentos se decida intervenir, como por ejemplo en el siglo XV, cuando el cardenal Mendoza ordena unas obras de restauración por su mal estado. Mucho tiempo después, transcurridos cuatrocientos años, en 1844, el Gobierno de la nación solicita a las provincias un listado con los inmuebles de importancia histórica o artística que merezcan ser conservados, y en el caso de Toledo incluyen el Cristo de la Luz, calificándolo como de «descuidado en extremo». A no mucho tardar se decide crear las Comisiones Provinciales de Monumentos Históricos y Artísticos y se vuelve a incluir la ermita para beneficiarse de parte del presupuesto destinado a su intervención. En este proceso es necesario contactar con los propietarios, que en ese momento se atribuía a la Encomienda del Viso de la Orden de San Juan. Ante la dificultad para comunicarse con los dueños y la inexistencia de respuesta, tras seis años, en 1852, se considera abandonado por el titular y queda bajo potestad de la Comisión Provincial de Monumentos.

En 1853 comienzan las obras y se reparan varias partes del edificio (muros, pavimentos o arreglos en la espadaña), quedando solo pendientes de ejecutar algunas obras en el tejado. En 1870, debido a la falta de presupuesto, siguen sin completarse, pero ante el grave problema de humedades se decide acometer y es preciso tratar además los muros, pues también se habían visto afectados. Es en esa ocasión cuando aparecen las pinturas murales del siglo XIII o XIV que podemos ver hoy en su interior.

La siguiente fecha destacable es el año de 1899, cuando se halla la inscripción cúfica de la fachada, lo que permite poner en valor el espacio y que sea declarado Monumento Nacional el 26 de marzo de 1900. Gracias a la relevancia que va adquiriendo el santuario, se procede a realizar un proyecto de rehabilitación integral en 1909, no libre de críticas, y alguna que otra desacertada actuación. La sustitución de la cantería original por bloques de granito en una de las caras provocó daños en el techo de la antigua cloaca romana y el posterior derrumbamiento de la esquina oeste en 1964.

Como percibimos, se trata de un lugar con necesidades constantes de mantenimiento, muestra de ello es la situación en el que se encontraba en 1996 con problemas de grietas y fisuras, vegetación en el tejado y humedades, con la ermita en un estado de conservación lamentable. Para atajar estos males se procede a la aprobación del primer proyecto de estudio e intervención aprobado por la Junta de Comunidades de Castilla-La Mancha, de la mano de la Consejería de Educación y Cultura, en 1999, nombrando arquitecto encargado a Francisco Jurado.

Dada la continua filtración de humedades al encontrarse en la confluencia de escorrentías de agua subterránea, se decide actuar en 2006 para acabar con este inconveniente, quedando a cargo de nuevo el mismo especialista que en 1996. En este caso plantean un proyecto ambicioso con el objetivo de crear una cámara bufa para actuar como aislante.

A pesar de las innumerables obras ejecutadas en este lugar, se ha pretendido su puesta en

Interior de la ermita con el cristo al fondo

valor, por lo que se ha conseguido mantener la esencia de este santuario y, en la medida de lo posible, sus características arquitectónicas que pasamos a describir a continuación.

En sus inicios fue proyectado en planta cuadrada en medidas 7,74 x 8,60 m, siguiendo la tipología inicial de mezquita. Este modelo era utilizado porque imitaba las casas andalusíes haciendo un símil entre templo y hogar, ya que la mezquita era considerada no solo como lugar de culto donde ir a rezar, sino como centro cultural y de reunión. En el siglo XII, ya como ermita, se incorpora un ábside bajo jurisdicción de la Orden de San Juan que imitaba el estilo mudéjar del resto del edificio con dos filas de arcadas ciegas, en medio punto la de abajo y de herradura enmarcados en otros lobulados en la superior. Los muros están hechos en mampostería y ladrillo, una herencia de época romana y sarracena que se ha mantenido hasta nuestros días. Es el modo constructivo típicamente toledano, descrito con el apelativo «aparejo toledano».

La fachada principal se divide en tres cuerpos, la parte baja con un arco de herradura en uno de los lados, otro polilobulado en el otro y un arco de medio punto en el centro. En el segundo cuerpo observamos una serie de arcos entrelazados y sobre ellos un friso con forma de dientes de sierra que recuadran un calado romboidal elaborado en ladrillo. Rematando todo este conjunto se encuentra la inscripción fundacional, que, a pesar de las distintas traducciones hechas, señalaremos la realizada por Manuel Ocaña Jiménez en 1949, pues se considera la más exacta. Dice lo siguiente:

¡En el nombre de Alláh, el Clemente, el Misericordioso! Hizo levantar esta mezquita Ahmad ibn Hadídi, de su peculio, solicitando la recompensa ultraterrena de Alláh por ello. Y se terminó con el auxilio de Allah, bajo la dirección de Músà ibn 'Áli, el arquitecto, y de Sá'ada, concluyéndose en Muharram del año trescientos noventa.

El texto es relevante no solo porque nos da el momento de su levantamiento, sino también el nombre de su mecenas y del arquitecto, algo poco habitual en la arquitectura andalusí.

Coronando la ermita, a la altura de la bóveda central, vemos una veleta de hierro sobre un basamento cuadrado que está revestido en piezas cerámicas sevillanas de la fábrica de José y Miguel Jiménez incorporadas en la restauración de 1909. El conjunto se encuentra rodeado por una rejería, la primera fue colocada en 1925 y era obra del artista Julio Pascual, pero con motivo de unas reformas fue quitada y sustituida posteriormente por un cerramiento bajo. En 1986 se colocaron las que podemos ver en la actualidad obra de Antonio Balmaseda, discípulo de Pascual.

En cuanto al interior del templo, la parte primitiva está dividida en tres naves paralelas cruzadas perpendicularmente con otras tres; en el centro se encuentran cuatro columnas de época visigoda recuperadas del entorno con distintos capiteles (uno de ellos añadido a comienzos del siglo XX) que sujetan los arcos de herradura repartidos por la planta.

Talla de madera del Cristo de la Luz y pinturas que decoran la cúpula

El uso de estas pilastras ha sido utilizado por algunos como apoyo para defender la existencia de la primigenia capilla goda, pero la realidad es que fueron rescatadas de los alrededores sin que tenga por qué tener relación con ese espacio, pues, como dijimos, no tiene ninguna base arqueológica. La parte superior está formada por nueve bóvedas de distinta tipología, sobresaliendo la crucería califal y esquifada. Llama la atención de manera especial la central, pues deja pasar la luz, es más alta y presenta elementos más complejos.

Por lo que concierne a la parte edificada en época cristiana, destacan las pinturas murales de estilo románico-mudéjar, por desgracia muy deterioradas. En el presbiterio vemos varias imágenes de santas no fácilmente identificables y en la cúpula del ábside un Pantocrator de influencia bizantina rodeado de los Tetramorfos (los cuatro evangelistas), siendo el águila de Juan el que se mantiene en mejor estado de conservación.

Son llamativas también las cenefas decorativas con letras cúficas presentes en diferentes partes del muro. Curiosamente no se trata de textos traducibles, ya que fueron realizados simplemente por gusto estético del artífice, probablemente desconocedor del idioma de Mahoma. Además de estos ornamentos, quizá el elemento más notorio a primera vista que nos indica su pasado como ermita es el Cristo crucificado y suspendido de unos hilos a la entrada del ábside. Lo cierto es que actualmente mantiene esta condición de capilla cristiana a pesar de no mantener culto. No ha sido desacralizada y pertenece al arzobispado de Toledo, adscrita a la parroquia de San Nicolás de Bari ubicada en las cercanías.

Junto al recinto nos sorprende un agradable jardín hecho a imitación de los existentes en los palacios árabes y en las mezquitas. Hemos de tener en cuenta la obligación de los musulmanes de purificarse antes de entrar al templo, por lo cual debemos suponer que habría un espacio dedicado para dichas abluciones (de hecho existe un pozo en el lugar). No se sabe cómo sería este área, pero intentando hacer un guiño a estos usos sarracenos, se ha creado el que podemos visitar hoy día, aunque se trata de un falso histórico.

Qubba central de las nueve que posee la mezquita

En este emplazamiento se hallaba el corral del santero y el cementerio de la iglesia. El cambio ha sido considerable y se ha
logrado darle un aire renovado a la vez que recuperar una zona
para uso y disfrute del público. Se ha conseguido, en fin, crear
un sitio agradable por donde apetece pasear y relajarse imaginan-
do cómo sería la vida durante la ocupación islámica. Para ello se
han utilizado elementos de agua y vegetales tan típicos en la cultura andalusí.

En junio de 1999, con motivo del milenario de su construcción,
se recitaron versículos del Corán en el Cristo de la Luz de la mano de un imán. Del mismo modo, se realizaron lecturas de la To-
rá en la sinagoga de Santa María la Blanca y una misa por el rito
mozárabe en la iglesia de Santa Eulalia. Sentado este precedente,
no estaría de más que se celebrase alguna misa en este espacio
para viajar en el tiempo y revivir cómo se vivieron los cultos en
la capilla.

En difinitiva, esta ermita es un claro ejemplo de cómo recuperar el Patrimonio Histórico y revalorizarlo para darle una segunda vida, en este caso musealizado, que permite conocer el pasado de Toledo y la riqueza histórica y cultural de la ciudad. Con esta vuelta a la escena pública, el recinto se convierte en otro atractivo para la urbe y en un elemento más que nos ayuda a descifrar los enigmas que la capital esconde.

Jardines junto a la ermita

ÍNDICE

Ledoria, desaforado amor por la palabra